Nachrichtensysteme

Grundlagen • Verfahren • Anwendungen

Von Univ.-Professor Dr. rer. nat. Friedrich Jondral
Universität Karlsruhe (TH)

3., überarbeitete Auflage

Mit 132 Bildern und 8 Tabellen

D1665254

J. Schlembach Fachverlag

Bibliografische Information Der Deutschen Bibliothek
Die Deutsche Bibliothek verzeichnet diese Publikation in der Deutschen Nationalbiblio-
grafie; detaillierte bibliografische Daten sind im Internet über http://dnb.ddb.de abrufbar.

ISBN 978-3-935340-54-0

© J. Schlembach Fachverlag Wilburgstetten 2008

Printed in Germany

Vorwort

Der Inhalt dieses Buches entspricht der an der Universität Karlsruhe (TH) gehaltenen Vorlesung **Nachrichtentechnik**, die ab dem Sommersemester 2008 zu den Pflichtveranstaltungen im Bachelor-Studiengang gehört. Die Vorlesung und die damit verbundene Prüfung sind für alle Studierenden der Fakultät für Elektrotechnik und Informationstechnik verbindlich. Daraus ergibt sich, dass diese Lehrveranstaltung und damit auch das Buch Überblickscharakter haben. Der Leser, der sich tiefer in die Grundlagen der Nachrichtentechnik einarbeiten will, sei auf die ausgezeichneten Werke von Kammeyer [Kam04], Proakis [Pro01] und Sklar [Skl01] verwiesen.

Für das Verständnis der hier dargelegten Zusammenhänge wird erwartet, dass der Leser sich mit dem Thema *Signale und Systeme* so weit beschäftigt hat, wie es dem Inhalt der ebenfalls in Karlsruhe angebotenen gleichnamigen Vorlesung [KJ05] entspricht. Darüber hinaus werden Kenntnisse aus dem Gebiet der *Wahrscheinlichkeitsrechnung*, die etwa dem Inhalt von [JW02] gleichwertig sind, vorausgesetzt.

Das erste Kapitel behandelt Signale und Systeme im komplexen Basisband und zeigt, dass wesentliche Teile der Signalverarbeitung in der (rechentechnisch oft günstigen) äquivalenten Tiefpassdarstellung ausgeführt werden können. Im zweiten Kapitel werden die Grundbegriffe der Shannonschen Informationstheorie eingeführt, wobei besonderer Wert auf die Definitionen der Information und der Kanalkapazität gelegt wird. Im dritten Kapitel werden Übertragungskanäle der Funkkommunikation besprochen.

Das vierte Kapitel stellt die Aufgaben der Quellencodierung vor und beschreibt deren praktischen Einsatz am Beispiel der Fax-Übertragung. Die Kapitel fünf und sechs sind der Kanalcodierung gewidmet. Im ersten Teil werden, nach allgemeinen Aussagen über die Kanalcodierung, Blockcodes und im zweiten Teil Faltungscodes mit dem zu ihrer Decodierung benutzten Viterbi-Algorithmus behandelt.

Die gängigsten Modulationsverfahren werden im siebenten Kapitel besprochen, wobei ein Schwerpunkt auf die Darstellung der Phase Shift Keying
(PSK-) Verfahren und des im Mobilfunk weit verbreiteten Minimum Shift
Keying (MSK) gelegt wird. Der Abschnitt 7.7 *Mehrträgerübertragung* wurde
eingefügt, um der wachsenden Bedeutung dieser Verfahren z.B. im Rundfunk und für drahtlose lokale Netzwerke gerecht zu werden. Kapitel acht
diskutiert die Grundlagen der Entscheidungstheorie, so wie sie z.B. zur Signalentdeckung mit Radar[1] oder in der Kommunikationstechnik für Demodulatoren eingesetzt wird. Demodulatoren bilden dann auch den Inhalt des
neunten Kapitels, wobei genauso wie im Kapitel sieben wieder besonders auf
PSK und MSK eingegangen wird.

Kapitel zehn zeigt auf, welche Kompromisse der Entwickler eines Nachrichtenübertragungssystems eingehen muss, wenn er praktisch einsetzbare
Lösungen zu erarbeiten hat. Eine besondere Rolle spielen dabei die Shannon-
Grenze, bis zu der prinzipiell eine Übertragung mit beliebig kleiner Fehlerrate möglich ist, und die Bandbreiteneffizienz, bei den bekannten Lizenzko-
sten für Frequenzen natürlich ein wichtiges Gütekriterium für eine Übertragung. Das Kapitel elf behandelt *Multiple Input Multiple Output* (MIMO). Die
MIMO-Verfahren, die ein Mittel zur Kapazitätssteigerung in Mobilfunknetzen darstellen, sind seit einigen Jahren ein wichtiges Thema von Forschungs-
vorhaben. Sie befinden sich jetzt an der Schwelle zum praktischen Einsatz.
Im zwölften Kapitel werden die grundsätzlichen Vielfachzugriffsverfahren in
Frequenz, Zeit und Code (FDMA, TDMA und CDMA) diskutiert.

Die Kapitel 13 und 14 greifen die Problemkreise Synchronisation und Kanalentzerrung, die in fast jedem Empfänger benötigt werden, auf. Kapitel
15 gibt einen kurzen Einblick in die Welt der Netzwerke und behandelt insbesondere das Open Systems Interconnection (OSI-) Schichtenmodell der
Übertragung.

Die letzten drei Kapitel stellen nacheinander das Global System for Mobile
Communications (GSM), das Universal Mobile Telecommunications System
(UMTS) und als Vertreter der digitalen Rundfunksysteme Digital Audio
Broadcasting (DAB) vor.

An der Konzeption einer Vorlesung sind, insbesondere da sie über die Jah-
re hinweg immer wieder neuen Herausforderungen angepasst werden muss,

---

[1]Radar: Radio Detection and Ranging

naturgemäß eine Reihe von Mitarbeitern beteiligt: Entscheidenden Einfluss auf die Gestaltung der Vorlesung und damit auch des vorliegenden Buches hat mein ehemaliger Mitarbeiter Dr.-Ing. Gunnar Wetzker genommen, der 1997 und 1998 die Übungen zur Vorlesung betreut hat. Darüber hinaus danke ich den Herren Dr.-Ing. Marcel Kohl, Dr.-Ing. Ralf Machauer, Dr.-Ing. Arnd-Ragnar Rhiemeier, Dr.-Ing. Gunther Sessler, Gunther Auer Ph.D., Dipl.-Ing. Volker Blaschke, Dipl.-Ing. (BA) Tobias Renk und Dr.-Ing. Holger Jäkel für die vielen Diskussionen zur Verbesserung des Inhalts.

Der Inhalt der vorliegenden dritten Auflage hat sich gegenüber der zweiten Auflage nur unwesentlich geändert. Ich habe versucht, Unklarheiten zu beseitigen und bekannt gewordene Fehler zu korrigieren. Darüber hinaus wurde die Gelegenheit genutzt, den Text an die aktuell geltenden Rechtschreibregeln anzupassen. Die Bilder hat wie immer Frau Angelika Olbrich gestaltet und die Herstellung des druckfertigen Manuskripts wurde wieder von Herrn Tobias Renk übernommen. Genauso wie ihnen danke ich Herrn Dr. Jens Schlembach für die nunmehr fast zwanzigjährige vertrauensvolle Zusammenarbeit und dafür, dass er die Veröffentlichung des Buches *Nachrichtensysteme* in seinem Verlag ermöglicht.

Karlsruhe, im März 2008 Friedrich Jondral

Inhaltsverzeichnis

1 Signale und Systeme im komplexen Basisband   **1**

   1.1   Signale im äquivalenten Tiefpassbereich 2

   1.2   Lineare zeitinvariante Systeme im äquivalenten Tiefpassbereich   4

   1.3   Das Antwortverhalten äquivalenter Tiefpasssysteme   5

   1.4   Das Antwortverhalten von LTI-Systemen auf Zufallssignale   . 7

   1.5   Zufallssignale im äquivalenten Tiefpassbereich 9

2 Grundbegriffe der Informationstheorie   **13**

   2.1   Information und Entropie einer Quelle 15

   2.2   Transinformation 17

   2.3   Mittlere Transinformation und bedingte Entropie 20

   2.4   Der diskrete gedächtnislose Kanal 22

3 Übertragungskanäle   **25**

   3.1   Verzerrungsfreie Übertragung 25

   3.2   Der Einweg-Mobilfunkkanal 27

   3.3   Der Zweiwege-Mobilfunkkanal 28

   3.4   Der Mehrwege-Mobilfunkkanal 30

3.5   Mehrwege-Ausbreitung: NLOS   30

4 Quellencodierung   35

4.1   Das Codierungstheorem von Shannon und der Huffman-Code   37

4.2   Anwendungsbeispiel: Quellencodierung bei FAX   42

**5 Kanalcodierung 1: Allgemeine Bemerkungen und Blockco-
    dierung   46**

5.1   Allgemeine Bemerkungen zur Kanalcodierung   47

5.2   Systematische Blockcodes   49

5.3   Zyklische Blockcodes   51

6 Kanalcodierung 2: Faltungscodierung   57

6.1   Darstellungen des Encoders   58

6.2   Decoder   60

6.3   Der Viterbi-Algorithmus   63

6.4   Korrektureigenschaften von Faltungscodes   65

7 Modulationsverfahren   67

7.1   Zeigerdarstellung   67

7.2   Systematik der Modulationsverfahren   69

7.3   Funktion eines Modulators   70

7.4   Binäre Tastung   73

7.5   PSK Varianten   78

7.6   Minimum Shift Keying (MSK)   80

7.7   Mehrträgerübertragung   83

8 Grundzüge der Entscheidungstheorie **90**

8.1 Signalentdeckung 91

8.2 Entscheidungskriterien 96

9 Demodulation **100**

9.1 Binäre Entscheidung bei AWGN 100

9.2 Das Matched Filter 103

9.3 Bitfehlerwahrscheinlichkeit bei binärer Signalisierung 105

9.4 MPSK bei kohärentem Empfang 110

9.5 Inkohärenter Empfang: Differenzielle PSK 112

10 Realisierungsgrenzen beim Systementwurf **114**

10.1 Die BER/SNR$_{bit}$-Ebene 115

10.2 Die Nyquist-Bandbreite 116

10.3 Die Shannon-Grenze 117

10.4 Bandbreiteneffizienz 120

11 Multiple Input Multiple Output **123**

11.1 Das MIMO-Übertragungsmodell 124

11.2 Die MIMO-Kanalkapazität 126

11.3 Die Singulärwertzerlegung der Kanalmatrix 128

11.4 MIMO-Detektion 130

11.5 MIMO-Verfahren 133

12 Vielfachzugriff **140**

12.1 FDMA: Frequency Division Multiple Access 141

12.2 TDMA: Time Division Multiple Access 143

12.3 CDMA: Code Division Multiple Access 145

13 Synchronisation   **149**

13.1 Phasenregelkreis (PLL) 149

13.2 Trägerrückgewinnung bei BPSK-Modulation 153

13.3 Taktableitung 155

14 Kanalentzerrung   **159**

14.1 Intersymbol-Interferenz (ISI) 160

14.2 Das Prinzip der Kanalentzerrung 161

15 Netzwerke   **166**

15.1 Netze und Dienste 166

15.2 Das OSI-Schichtenmodell 169

15.3 Local Area Network (LAN-) Topologien 173

16 Global System for Mobile Communications   **178**

16.1 GSM Systemparameter 179

16.2 Die logischen Kanäle im GSM 182

16.3 Zeitschlitze und Rahmen 186

16.4 Die Architektur eines GSM Netzes 190

17 Mobilfunk der dritten Generation   **194**

17.1 Direct Sequence (DS-) CDMA 197

17.2 UMTS Terrestrial Radio Access (UTRA) 199

18 Digital Audio Broadcasting   **204**

18.1 DAB Quellencodierung 206

18.2 DAB Kanalcodierung und Interleaving 209

18.3 DAB COFDM-Modulation 211

18.4 DAB-Moden 218

A Formeln zur Fouriertransformation **220**

B Das Signal-zu-Rausch Verhältnis **222**

C Konstruktion der Generatormatrix zyklischer Blockcodes **224**

Literaturverzeichnis **227**

Index **230**

Kapitel 1

Signale und Systeme im komplexen Basisband

Nachrichtenübertragung findet in aller Regel auf einer Trägerfrequenz f_T statt. Die Lage der Trägerfrequenz selbst hängt natürlich vom Übertragungsmedium (Funk, Kabel, Glasfaser) ab. Beispiele für typische Funkfrequenzen sind

Kurzwelle HF		3 MHz ... 30 MHz,
Fernsehen VHF		30 MHz ... 300 MHz,
	UHF	300 MHz ... 3 GHz,
Digitaler Mobilfunk	GSM900	900 MHz,
	GSM1800	1800 MHz,
Wireless LAN	IEEE 802.11a	5,15 GHz ... 5,35 GHz und
		5,47 GHz ... 5,725 GHz.

Über die Formel $c = f \cdot \lambda$, in der $c \approx 3 \cdot 10^8$ m/s die Lichtgeschwindigkeit im Vakuum darstellt, sind Frequenz f und Wellenlänge λ elektromagnetischer Wellen miteinander verknüpft.

Zur Vereinfachung der Schreibweise, aber auch für die Durchführung von Simulationen sowie für die praktische Implementierung von Endgeräten, wird häufig zur Darstellung von Signalen und Systemen im komplexen Basisband übergegangen, d.h. Signale und Systeme werden nicht im Bandpassbereich, sondern im Tiefpassbereich behandelt (Bild 1-1).

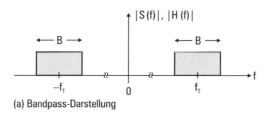

(a) Bandpass-Darstellung

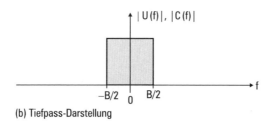

(b) Tiefpass-Darstellung

Bild 1-1: Darstellungen von Signalen und Systemen

1.1   Signale im äquivalenten Tiefpassbereich

Ein reellwertiges Signal, dessen Frequenzgehalt in einem engen Bereich um eine Trägerfrequenz f_T herum konzentriert ist, kann in der Form

$$s(t) = a(t) \cos[2\pi f_T t + \vartheta(t)] \tag{1.1-1}$$

dargestellt werden. Darin sind $a(t)$ die **Amplitude** und $\vartheta(t)$ die Phase des Signals $s(t)$. f_T heißt **Trägerfrequenz**.

Definition 1.1-1

Ist der von $s(t)$ belegte Frequenzbereich klein gegenüber der Trägerfrequenz f_T, ist $s(t)$ ein **Bandpasssignal**.

Die Anwendung der Formel $\cos(\alpha + \beta) = \cos\alpha\cos\beta - \sin\alpha\sin\beta$ auf (1.1-1) liefert:

$$s(t) = a(t)\cos\vartheta(t)\cos 2\pi f_T t - a(t)\sin\vartheta(t)\sin 2\pi f_T t$$

$$= s_I(t)\cos 2\pi f_T t - s_Q(t)\sin 2\pi f_T t \tag{1.1-2}$$

Definition 1.1-2

Die in der Gleichung (1.1-2) zur Darstellung von $s(t)$ benutzten Signale

$$s_I(t) = a(t)\cos\vartheta(t)$$
$$s_Q(t) = a(t)\sin\vartheta(t) \tag{1.1-3}$$

heißen **Inphasen-** *bzw.* **Quadraturkomponente** *von $s(t)$.*

Definition 1.1-3

Das Signal

$$u(t) = a(t)e^{j\vartheta(t)} = s_I(t) + js_Q(t) \tag{1.1-4}$$

heißt **komplexe Einhüllende** *von $s(t)$.*

Bemerkung:

Aufgrund von (1.1-4) kann das Signal $s(t)$ aus (1.1-1) auch durch

$$s(t) = \mathrm{Re}\left\{u(t)e^{j2\pi f_T t}\right\} \tag{1.1-5}$$

dargestellt werden, wobei mit $\mathrm{Re}\{\cdot\}$ die Realteilbildung bezeichnet ist.

Bekanntlich ist

$$S(f) = \int_{\infty}^{\infty} s(t)e^{-j2\pi ft}\,dt$$

$$= \int_{-\infty}^{\infty} \mathrm{Re}\left\{u(t)e^{j2\pi f_T t}\right\}e^{-j2\pi ft}\,dt \tag{1.1-6}$$

die **Fouriertransformierte** des reellwertigen Signals $s(t)$.

Mit der für jede komplexe Größe a geltenden Formel[1] $\operatorname{Re}\{a\} = \frac{1}{2}(a + a^*)$ ergibt sich aus (1.1-6) unter Beachtung des Modulationssatzes der Fouriertransformation:

$$S(f) = \frac{1}{2} \int\limits_{-\infty}^{\infty} \left[u(t)e^{j2\pi f_T t} + u^*(t)e^{-j2\pi f_T t} \right] e^{-j2\pi f t} \, dt$$

$$= \frac{1}{2} \left[U(f - f_T) + U^*(-f - f_T) \right] \qquad (1.1\text{-}7)$$

$U(f)$ ist die Fouriertransformierte der komplexen Einhüllenden $u(t)$. Der Frequenzgehalt des Bandpasssignals $s(t)$ konzentriert sich um die Trägerfrequenz f_T. Der Frequenzgehalt von $u(t)$ konzentriert sich nach (1.1-7) demgemäß um $f = 0$. Aufgrund des Zusammenhangs (1.1-5) heißt $u(t)$ das dem Signal $s(t)$ **äquivalente Tiefpasssignal** oder auch das $s(t)$ **äquivalente (komplexe) Basisbandsignal**.

Bemerkung:

Die Energie des Signals $s(t)$ kann entweder direkt oder über das äquivalente Tiefpasssignal $u(t)$ berechnet werden [Pro01]:

$$\mathcal{E}_s = \int\limits_{-\infty}^{\infty} s^2(t) \, dt = \frac{1}{2} \int\limits_{-\infty}^{\infty} |u(t)|^2 \, dt \qquad (1.1\text{-}8)$$

1.2   Lineare zeitinvariante Systeme im äquivalenten Tiefpassbereich

Ein lineares zeitinvariantes (LTI-, linear time invariant) System kann entweder durch seine Impulsantwort $h(t)$ oder durch seinen Frequenzgang $H(f)$, die Fouriertransformierte von $h(t)$, beschrieben werden. Im Folgenden repräsentiere $h(t)$ ein Bandpasssystem, d.h. ein System, das als Eingang und als Ausgang Bandpasssignale besitzt. Darüber hinaus nehmen wir an, dass $h(t)$ reellwertig ist. Für den Frequenzgang gilt demnach $H(f) = H^*(-f)$.

---

[1]Mit $a^* \in \mathbb{C}$ bezeichnen wir die zu $a \in \mathbb{C}$ konjugiert komplexe Größe.

Wir definieren

$$C(f - f_T) = \begin{cases} H(f) & \text{für } f > 0 \\ 0 & \text{sonst} \end{cases}, \tag{1.2-1}$$

woraus sofort

$$C^*(-f - f_T) = \begin{cases} 0 & \text{für } f > 0 \\ H^*(-f) & \text{sonst} \end{cases}$$

folgt. Die Übertragungsfunktion $H(f)$ können wir somit schreiben als

$$H(f) = C(f - f_T) + C^*(-f - f_T). \tag{1.2-2}$$

Die Anwendung der inversen Fouriertransformation auf (1.2-2) führt auf

$$h(t) = c(t)e^{j2\pi f_T t} + c^*(t)e^{-j2\pi f_T t}$$

$$= 2\,\mathrm{Re}\left\{ c(t)e^{j2\pi f_T t} \right\}. \tag{1.2-3}$$

Der Vergleich von (1.2-3) mit (1.1-5) sowie von (1.2-2) mit (1.1-7) legt folgende Erklärung nahe:

Definition 1.2-1

$c(t)$ charakterisiert das zu dem durch die Impulsantwort $h(t)$ dargestellte Bandpasssystem **äquivalente Tiefpasssystem**. *Dieses wird auch als* **äquivalentes** *(komplexes)* **Basisbandsystem** *bezeichnet.*

1.3 Das Antwortverhalten äquivalenter Tiefpasssysteme

Bandpasssignale und -systeme können durch ihre äquivalenten Tiefpassdarstellungen repräsentiert werden. Darf aus der Antwort eines Bandpasssystems auf ein Bandpasssignal auf die Antwort des äquivalenten Tiefpasssystems auf das äquivalente Tiefpasssignal (und umgekehrt) geschlossen werden? Dazu seien gemäß (1.1-5) und (1.2-3)

$$s(t) = \mathrm{Re}\left\{ u(t)e^{j2\pi f_T t} \right\}$$

$$h(t) = 2\,\mathrm{Re}\left\{ c(t)e^{j2\pi f_T t} \right\}.$$

Das Ausgangssignal des Bandpasssystems sei

$$r(t) = \text{Re}\left\{v(t)e^{j2\pi f_T t}\right\},$$

$v(t)$ ist also die äquivalente Tiefpassdarstellung von $r(t)$. Natürlich gilt mit dem Faltungssatz der Fouriertransformation

$$r(t) = s(t) * h(t) \quad \circ\!\!-\!\!\bullet \quad R(f) = S(f) \cdot H(f) \tag{1.3-1}$$

und wegen (1.1-7) und (1.2-2) folgt daraus

$$\begin{aligned} R(f) &= \frac{1}{2}\left[U(f - f_T) + U^*(-f - f_T)\right] \\ &\quad \cdot \left[C(f - f_T) + C^*(-f - f_T)\right]. \end{aligned} \tag{1.3-2}$$

Da $s(t)$ und $h(t)$ Bandpasscharakter besitzen, folgt $U(f - f_T) = 0$ und $C(f - f_T) = 0$ für $f < 0$ (vgl. 1.2-1). Damit vereinfachen wir (1.3-2) zu

$$\begin{aligned} R(f) &= \frac{1}{2}[U(f - f_T)C(f - f_T) + U^*(-f - f_T)C^*(-f - f_T)] \\ &:= \frac{1}{2}\left[V(f - f_T) + V^*(-f - f_T)\right]. \end{aligned}$$

Es ergibt sich mit (1.3-1) und

$$V(f) = U(f) \cdot C(f) \quad \bullet\!\!-\!\!\circ \quad v(t) = u(t) * c(t) \tag{1.3-3}$$

der gesuchte Zusammenhang zwischen Bandpassbereich und äquivalentem Tiefpassbereich (Bild 1.3-1).

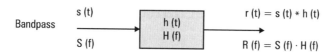

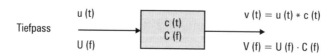

Bild 1.3-1: Antwortverhalten äquivalenter Systeme auf äquivalente Signale

Folgerung:

Bandpasssignale und -systeme sind grundsätzlich durch die äquivalenten Tiefpasssignale und -systeme beschreibbar. Das Systemverhalten kann im Tiefpassbereich simuliert werden. Digitale Systeme werden häufig als äquivalente Tiefpasssysteme realisiert, um die zugehörigen Prozessoren optimal ausnutzen zu können.

1.4 Das Antwortverhalten von LTI-Systemen auf Zufallssignale

Jetzt studieren wir das Antwortverhalten von LTI-Systemen, die deterministisch arbeiten, auf Zufallssignale, die als Pfade von stochastischen Prozessen interpretiert werden. Für den Eingangsprozess $X(t)$ (Bild 1.4-1) setzen wir voraus, dass er reellwertig und (schwach) stationär ist.

Der Ausgangsprozess $Y(t)$ ist dann

$$Y(t) = X(t) * h(t) = \int_{-\infty}^{\infty} h(\tau)X(t-\tau)\,d\tau \qquad (1.4\text{-}1)$$

und für seinen Erwartungswert ergibt sich, da sowohl Erwartungswertbildung als auch Integration lineare Operationen sind:

$$m_Y = E\{Y(t)\} = \int_{-\infty}^{\infty} h(\tau)E\{X(t-\tau)\}\,d\tau$$

$$= m_X \int_{-\infty}^{\infty} h(\tau)\,d\tau = m_X H(0) \qquad (1.4\text{-}2)$$

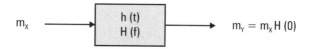

(a) Stationäre Zufallssignale

(b) Erwartungswerte

(c) Autokorrelationsfunktionen und Leistungsdichtespektren

Bild 1.4-1: Antwortverhalten von LTI-Systemen auf Zufallssignale

Für die Autokorrelationsfunktion (AKF) des Ausgangssignals erhalten wir:

$$\varphi_{YY}(t_1,t_2) = E\{Y(t_1)Y(t_2)\}$$

$$= \int\limits_{-\infty}^{\infty} \int\limits_{-\infty}^{\infty} h(\alpha)h(\beta)E\{X(t_1-\alpha)X(t_2-\beta)\}\, d\alpha\, d\beta$$

$$= \int\limits_{-\infty}^{\infty} \int\limits_{-\infty}^{\infty} h(\alpha)h(\beta)\varphi_{XX}(t_2-t_1-\beta+\alpha)\, d\alpha\, d\beta$$

$$= \int\limits_{-\infty}^{\infty} \int\limits_{-\infty}^{\infty} h(\alpha)h(\beta)\varphi_{XX}(\tau-\beta+\alpha)\, d\alpha\, d\beta$$

$$= \varphi_{YY}(\tau) \tag{1.4-3}$$

Folgerung:

Da nach (1.4-2) m_Y eine Konstante ist und $\varphi_{YY}(\tau)$ nur von $\tau = t_2 - t_1$ abhängt, ist das zufällige Ausgangssignal $Y(t)$ stationär.

Durch Fouriertransformation von (1.4-3) erhalten wir den Zusammenhang zwischen den Leistungsdichtespektren von Eingangs- und Ausgangssignal:

$$\Phi_{YY}(f) = \int\limits_{-\infty}^{\infty} \varphi_{YY}(\tau)e^{-j2\pi f\tau}\, d\tau$$

$$= \int\limits_{-\infty}^{\infty} \int\limits_{-\infty}^{\infty} \int\limits_{-\infty}^{\infty} h(\alpha)h(\beta)\varphi_{XX}(\tau - \beta + \alpha)e^{-j2\pi f\tau}\, d\alpha\, d\beta\, d\tau$$

$$= \Phi_{XX}(f)|H(f)|^2 \qquad\qquad (1.4\text{-}4)$$

Bemerkung:

Ist die Autokorrelationsfunktion $\varphi_{YY}(\tau)$ des Ausgangssignals eines LTI-Systems zu bestimmen, berechnet man häufig zunächst $\Phi_{YY}(f)$ nach (1.4-4) und dann $\varphi_{YY}(\tau)$ durch inverse Fouriertransformation.

1.5   Zufallssignale im äquivalenten Tiefpassbereich

Nun sei $X(t)$ ein reellwertiges stationäres Zufallssignal mit Bandpasscharakter. Analog zu (1.1-5) stellen wir $X(t)$ in der Form

$$X(t) = \mathrm{Re}\left\{Z(t)e^{j2\pi f_T t}\right\} \qquad\qquad (1.5\text{-}1)$$

mit

$$Z(t) = A(t)e^{j\theta(t)} = X_I(t) + jX_Q(t) \qquad\qquad (1.5\text{-}2)$$

dar. Amplitude $A(t)$, Phase $\theta(t)$, Inphasenkomponente $X_I(t)$ und Quadraturkomponente $X_Q(t)$ sind jetzt natürlich Zufallssignale.

Wenn $X(t)$ den Erwartungswert 0 hat, gilt dies auch für $Z(t)$ und wegen der Linearität der Erwartungswertbildung auch für $X_I(t)$ und $X_Q(t)$. Aus der Stationarität von $X(t)$ folgt für die Autokorrelationsfunktionen und die Kreuzkorrelationsfunktion von $X_I(t)$ und $X_Q(t)$:

$$\varphi_{X_I X_I}(\tau) = \varphi_{X_Q X_Q}(\tau), \quad \varphi_{X_I X_Q}(\tau) = -\varphi_{X_Q X_I}(\tau) \tag{1.5-3}$$

Für die Autokorrelationsfunktion von $X(t)$ folgt nämlich bei Anwendung bekannter Formeln für trigonometrische Funktionen [B$^+$05] und Beachtung von (1.1-2):

$$
\begin{aligned}
\varphi_{XX}(\tau) &= E\{X(t)X(t+\tau)\} \\
&= E\left\{[X_I(t)\cos 2\pi f_T t - X_Q(t)\sin 2\pi f_T t]\right. \\
&\qquad \left.[X_I(t+\tau)\cos 2\pi f_T(t+\tau) - X_Q(t+\tau)\sin 2\pi f_T(t+\tau)]\right\} \\
&= \varphi_{X_I X_I}(\tau)\cos 2\pi f_T t \cos 2\pi f_T(t+\tau) \\
&\qquad + \varphi_{X_Q X_Q}(\tau)\sin 2\pi f_T t \sin 2\pi f_T(t+\tau) \\
&\qquad - \varphi_{X_Q X_I}(\tau)\sin 2\pi f_T t \cos 2\pi f_T(t+\tau) \\
&\qquad - \varphi_{X_I X_Q}(\tau)\cos 2\pi f_T t \sin 2\pi f_T(t+\tau) \\
&= \frac{1}{2}\left[\varphi_{X_I X_I}(\tau) + \varphi_{X_Q X_Q}(\tau)\right]\cos 2\pi f_T \tau \\
&\qquad + \frac{1}{2}\left[\varphi_{X_I X_I}(\tau) - \varphi_{X_Q X_Q}(\tau)\right]\cos 2\pi f_T(2t+\tau) \\
&\qquad + \frac{1}{2}\left[\varphi_{X_Q X_I}(\tau) - \varphi_{X_I X_Q}(\tau)\right]\sin 2\pi f_T \tau \\
&\qquad - \frac{1}{2}\left[\varphi_{X_Q X_I}(\tau) + \varphi_{X_I X_Q}(\tau)\right]\sin 2\pi f_T(2t+\tau) \tag{1.5-4}
\end{aligned}
$$

Da $X(t)$ stationär ist, hängt die rechte Seite von (1.5-4) nicht von t ab. Dann müssen aber die Gleichungen (1.5-3) gelten.

Aus der Gleichung (1.5-4) folgt der Zusammenhang

$$\varphi_{XX}(\tau) = \varphi_{X_I X_I}(\tau)\cos 2\pi f_T \tau - \varphi_{X_I X_Q}(\tau)\sin 2\pi f_T \tau \tag{1.5-5}$$

(vergleiche auch (1.1-2)).

Das zu dem zufälligen Bandpasssignal $X(t)$ äquivalente zufällige Tiefpasssignal $Z(t)$ (1.5-2) besitzt die Autokorrelationsfunktion

$$
\begin{aligned}
\varphi_{ZZ}(\tau) =\ & \frac{1}{2}E\{Z(t)Z^*(t+\tau)\} \\
=\ & \frac{1}{2}E\left\{[X_I(t) + jX_Q(t)][X_I(t+\tau) - jX_Q(t+\tau)]\right\} \\
=\ & \frac{1}{2}[\varphi_{X_I X_I}(\tau) + \varphi_{X_Q X_Q}(\tau) + j\varphi_{X_Q X_I}(\tau) - j\varphi_{X_I X_Q}(\tau)] \\
\overset{(1.5\text{-}3)}{=}\ & \varphi_{X_I X_I}(\tau) + j\varphi_{X_Q X_I}(\tau).
\end{aligned}
\tag{1.5-6}
$$

Bemerkung:

Der Faktor $\frac{1}{2}$ in der Definition der AKF des komplexwertigen Zufallssignals $Z(t)$ (1.5-6) sorgt dafür, dass beim Übergang vom reellwertigen Bandpassprozess $X(t)$ auf den äquivalenten komplexwertigen Tiefpassprozess $Z(l)$ die mittlere Leistung gleich bleibt:

$$
\varphi_{ZZ}(0) = \varphi_{XX}(0)
$$

Zusammen mit (1.5-5) erhalten wir aus (1.5-6):

$$
\varphi_{XX}(\tau) = \mathrm{Re}\left\{\varphi_{ZZ}(\tau)e^{j2\pi f_T \tau}\right\}
\tag{1.5-7}
$$

Damit können wir folgende **Aussagen** treffen:

1. Die Autokorrelationsfunktion $\varphi_{XX}(\tau)$ des Bandpassprozesses $X(t)$ ist durch die Autokorrelationsfunktion $\varphi_{ZZ}(\tau)$ des Tiefpassprozesses $Z(t)$ und durch die Trägerfrequenz f_T eindeutig bestimmt.

2. Für die Leistungsdichtespektren folgt (vergleiche (1.1-7))

$$
\begin{aligned}
\Phi_{XX}(f) =\ & \int_{-\infty}^{\infty} \left[\mathrm{Re}\left\{\varphi_{ZZ}(\tau)e^{j2\pi f_T \tau}\right\}\right] e^{-j2\pi f \tau}\, d\tau \\
=\ & \frac{1}{2}[\Phi_{ZZ}(f - f_T) + \Phi_{ZZ}(-f - f_T)].
\end{aligned}
\tag{1.5-8}
$$

3. $\Phi_{ZZ}(f)$ ist reellwertig und nichtnegativ.

Die Kreuzkorrelationsfunktion von Inphasen- und Quadraturkomponenten $X_I(t)$ und $X_Q(t)$ erfüllt die in (1.5-3) genannte Symmetriebedingung. Allgemein hat jede Kreuzkorrelationsfunktion die Eigenschaft

$$\varphi_{X_I X_Q}(\tau) = \varphi_{X_Q X_I}(-\tau). \tag{1.5-9}$$

Zusammengefasst ergibt sich aus (1.5-3) und (1.5-9)

$$\varphi_{X_I X_Q}(\tau) = -\varphi_{X_I X_Q}(-\tau), \tag{1.5-10}$$

d.h. die Kreuzkorrelationsfunktion $\varphi_{X_I X_Q}(\tau)$ ist eine ungerade Funktion. Daraus folgt, dass

$$\varphi_{X_I X_Q}(0) = 0 \tag{1.5-11}$$

sein muss. Weiterhin gilt:

> Für $\tau = 0$ sind Inphasenkomponente $X_I(t)$ und Quadraturkomponente $X_Q(t)$ unkorreliert.

Wären $X_I(t)$ und $X_Q(t + \tau)$ $\forall \tau$ unkorreliert, würde das $\varphi_{X_I X_Q}(\tau) = 0$ $\forall \tau$ bedeuten. Ist $\varphi_{X_I X_Q}(\tau)$ tatsächlich $\forall \tau$ gleich Null, bedeutet das (siehe Gleichung (1.5-6)), dass $\varphi_{ZZ}(\tau)$ reellwertig ist und die spektrale Leistungsdichte von $Z(t)$ eine gerade Funktion ist:

$$\Phi_{ZZ}(f) = \Phi_{ZZ}(-f) \tag{1.5-12}$$

Andererseits folgt aus dieser Gleichung $\varphi_{X_I X_Q}(\tau) = 0$ $\forall \tau$.

Kapitel 2

Grundbegriffe der Informationstheorie

Nachrichtenübertragung dient dazu, Mitteilungen von einem Ort zum anderen zu transportieren. In der elektrischen Nachrichtentechnik spricht man davon, dass Nachrichten von einer Quelle zu einer Senke transportiert werden. Die dazu notwendigen technischen Mittel sind Sender, Empfänger und Kanal (Bild 2-1).

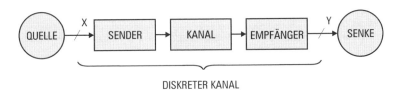

Bild 2-1: Nachrichtenübertragung

Mit ihnen werden wir uns noch näher auseinandersetzen. Hier geht es zunächst um die Quelle und die Senke, bei denen es sich im einfachsten Fall um Menschen handelt. Eine Quelle erzeugt eine Nachricht, erzeugt sie auch Information? **Was ist eigentlich Information?** Wir beschäftigen uns in diesem Kapitel mit den Grundzügen der von Claude E. Shannon Mitte des 20. Jahrhunderts begründeten Informationstheorie.

Quellen erzeugen z.B. Sprache, Daten oder Bilder. Um die Vorstellung für das Weitere einfach zu halten, denken wir bei der Quelle an die Erzeugung von Texten. Diese werden durch die Buchstaben eines Alphabets dargestellt.

Dabei muss man nicht unbedingt an {A, B, C, ..., Z} denken. Andere häufig benutzte Alphabete sind das in Bild 2-2 dargestellte Morse-Alphabet, das in Bild 2-3 wiedergegebene ISO 7-Bit-Alphabet (auch ASCII, American Standard Code for Information Interchange, genannt) oder das binäre Alphabet, das die Buchstaben 0 und 1 enthält.

Buchstabe	Häufigkeit(%) (Englisch)	Häufigkeit(%) (Deutsch)	Morsezeichen
A	8,56	6,15	. −
B	1,39	1,90	− . . .
C	2,79	2,48	− . − .
D	3,78	5,05	− . .
E	13,04	18,10	.
F	2,89	2,08	. . − .
G	1,99	3,47	− − .
H	5,28	3,94	. . . .
I	6,27	7,33	. .
J	0,13	0,18	. − − −
K	0,42	1,16	− . −
L	3,39	3,29	. − . .
M	2,49	2,42	− −
N	7,07	9,81	− .
O	7,97	2,82	− − −
P	1,99	1,11	. − − .
Q	0,12	0,02	− − . −
R	6,77	7,76	. − .
S	6,07	6,16	. . .
T	10,45	6,19	−
U	2,49	4,68	. . −
V	0,92	0,99	. . . −
W	1,49	1,56	. − −
X	0,17	0,05	− . . −
Y	1,99	0,02	− . − −
Z	0,08	1,28	− − . .

Bild 2-2: Morse-Alphabet

	000	00L	0L0	0LL	L00	L0L	LL0	LLL
0000	NUL	DELE		0	@	P	`	p
000L	SOH	DC1	!	1	A	Q	a	q
00L0	STX	DC2	"	2	B	R	b	r
00LL	ETX	DC3	#	3	C	S	c	s
0L00	EOT	DC4	$	4	D	T	d	t
0L0L	ENQ	NAK	%	5	E	U	e	u
0LL0	ACK	SYN	&	6	F	V	f	v
0LLL	BEL	ETB	´	7	G	W	g	w
L000	BS	CAN	(	8	H	X	h	x
L00L	HT	EM	)	9	I	Y	i	y
L0L0	LF	SUB	*	:	J	Z	j	z
L0LL	VT	ESC	+	;	K	(	k	{
LL00	FF	FS	,	<	L	\	l		
LL0L	CR	GS	-	=	M	)	m	}
LLL0	SO	RS	.	>	N	^	n	‾
LLLL	SI	US	/	?	O	_	o	DEL

Bild 2-3: ISO 7-Bit-Alphabet (US-Fassung,
Deutsche Fassung in DIN 66033)

2.1   Information und Entropie einer Quelle

Abstrakt gesehen liefert eine Quelle Buchstaben aus einem Alphabet
$\{x_1, x_2, \ldots, x_N\}$. Mit den Mitteln der Wahrscheinlichkeitstheorie lässt sich
eine Quelle als Zufallsvariable X, die die Buchstaben des Alphabets mit den
Wahrscheinlichkeiten $P(x_n) = P(X = x_n)$; $n = 1, 2, \ldots, N$; annimmt und die
z.B. in einem zeitlichen Taktraster von Δt Sekunden einen Buchstaben aus-
gibt, beschreiben. Wie Bild 2-2 zeigt, sind für einen Text in deutscher Sprache die Auftretenswahrscheinlichkeiten (relative Häufigkeiten!) der Buchstaben verschieden; natürlich sind aufeinanderfolgende Buchstaben in sinnvol-
len Texten auch nicht unkorreliert. Das Auftreten des Buchstaben x_n ist also
dem Ereignis $\{X = x_n\}$ gleichzusetzen.

Definition 2.1-1

$$I(x_n) = -\log_2 P(x_n) \text{ bit} \qquad (2.1\text{-}1)$$

heißt **Information des Ereignisses** $\{X = x_n\}$.

Bemerkungen:

(i) Häufig auftretende Buchstaben liefern wenig Information, selten auftretende Buchstaben haben einen hohen Informationswert:

Im Deutschen ist gemäß Bild 2-2:

$$I(E) = -\log_2 P(E) = -\log_2 0{,}181 = 2{,}466 \,\text{bit}$$

$$I(Q) = -\log_2 P(Q) = -\log_2 0{,}0002 = 12{,}29 \,\text{bit}$$

(ii) Hierbei ist bit (wie z.B. dB) eine Pseudo-Dimension. Treten in einem
binären Alphabet beide Buchstaben mit der Wahrscheinlichkeit 0,5 auf,
tragen diese Ereignisse die Information

$$I(0) = I(1) = -\log_2 0{,}5 = 1 \,\text{bit}.$$

Liefert eine Quelle stochastisch unabhängige Bits aus diesem Alphabet
und betrachtet man einen N Bit langen Block, ist die darin enthaltene
Information

$$I(x_1, x_2, \ldots, x_N) = -\log_2 2^{-N} = N \,\text{bit}.$$

In Anlehnung an denselben Begriff aus der Thermodynamik erklärt man den
Begriff der Entropie einer Quelle:

Definition 2.1-2

$$H(X) = \sum_{n=1}^{N} I(x_n) P(x_n) = -\sum_{n=1}^{N} P(x_n) \log_2 P(x_n) \qquad (2.1\text{-}2)$$

heißt **Entropie der Quelle X.**

Bemerkungen:

(i) $H(X)$ ist die mittlere Information pro erzeugtem Buchstaben.

(ii) Der Ausgang einer Quelle hat dann die höchste mittlere Information,
wenn sämtliche Buchstaben mit derselben Wahrscheinlichkeit auftreten:

$$P(x_n) = \frac{1}{N} \quad \forall\, n = 1, 2, \ldots, N \quad [\text{HH74}]$$

Beispiel: Die Entropie der binären Quelle mit unabhängigen Ausgangsbuchstaben und $P(X = 0) = q$, $P(X = 1) = 1 - q$,

$$H(X) = -q \log_2 q - (1 - q) \log_2(1 - q), \tag{2.1-3}$$

ist in Bild 2.1-1 dargestellt. $H(X)$ hat ihr Maximum bei $q = 1 - q = \frac{1}{2}$.

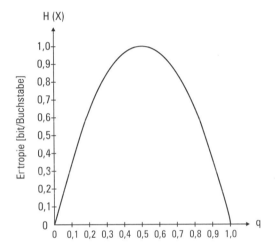

Bild 2.1-1: Binäre Entropiefunktion

2.2 Transinformation

Wir kehren zu Bild 2-1 zurück und betrachten die Quelle X als Zufallsvariable, die Buchstaben aus dem Alphabet $\{x_1, x_2, \ldots, x_N\}$ erzeugt. Sender, Kanal und Empfänger fassen wir zu einem als (zeit-)**diskreten Kanal** bezeichneten System zusammen. Dessen Ausgang Y wird wie die Quelle als Zufallsvariable interpretiert, die Buchstaben aus dem Alphabet $\{y_1, y_2, \ldots, y_M\}$ erzeugt. Die Frage ist hier, welche Quantität an Information das Auftreten von $\{Y = y_m\}$ am Kanalausgang über das Auftreten von $\{X = x_n\}$ an seinem Eingang liefert. Ein brauchbares Maß ist das logarithmische Verhältnis zwischen der a posteriori Wahrscheinlichkeit

$$P(X = x_n | Y = y_m) = P(x_n | y_m) \tag{2.2-1}$$

und der a priori Wahrscheinlichkeit

$$P(X = x_n) = P(x_n). \tag{2.2-2}$$

Definition 2.2-1

$$I(x_n; y_m) = \log_2 \frac{P(x_n|y_m)}{P(x_n)} \text{ bit} \tag{2.2-3}$$

ist die **Transinformation** *zwischen den Buchstaben* x_n *und* y_m.

Bemerkungen:

(i) (2.2-2) charakterisiert die Quelle, (2.2-1) den (diskreten) Kanal.

(ii) Wegen $\frac{P(x_n|y_m)}{P(x_n)} = \frac{P(y_m|x_n)}{P(y_m)}$ folgt

$$I(x_n; y_m) = I(y_m; x_n). \tag{2.2-4}$$

(iii) Sind die Zufallsvariablen X und Y stochastisch unabhängig, ist $P(x_n|y_m) = P(x_n)$ und damit $I(x_n; y_m) = 0$. Zieht $\{X = x_n\}$ das Ereignis $\{Y = y_m\}$ nach sich, gilt $P(x_n|y_m) = 1$ und

$$I(x_n; y_m) = \log_2 \frac{1}{P(x_n)} = -\log_2 P(x_n) = I(x_n)$$

ist von y_m unabhängig.

Beispiel:

Bild 2.2-1 zeigt als Beispiel für einen diskreten Kanal den Binärkanal, der durch die Übergangswahrscheinlichkeiten

$$P(Y = 0|X = 0) = 1 - p_0$$

$$P(Y = 1|X = 0) = p_0$$

$$P(Y = 1|X = 1) = 1 - p_1$$

$$P(Y = 0|X = 1) = p_1$$

bestimmt ist.

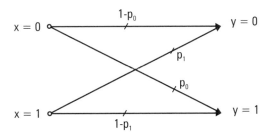

Bild 2.2-1: Binärkanal

Ist $p_0 = p_1 = 0$, liegt ein störungsfreier Kanal vor, und es folgt mit $P(X = 0) = P(X = 1) = \frac{1}{2}$ wegen

$$P(Y - 0) - P(Y - 0|X - 0)P(X = 0)$$
$$+ P(Y = 0|X = 1)P(X = 1)$$
$$= \frac{1}{2}(1 - p_0 + p_1)$$
$$P(Y = 1) = \frac{1}{2}(1 \quad p_1 \mid p_0)$$

$$I(0;0) \stackrel{(2.2-4)}{=} \log_2 2 = 1 \text{ bit}.$$

Für $p_0 = p_1 = \frac{1}{2}$ ist der Kanal nutzlos, denn es gilt dann

$$I(0;0) = \log_2 1 = 0.$$

Definition 2.2-2

$$I(x_n|y_m) = -\log_2 P(x_n|y_m) \tag{2.2-5}$$

heißt **bedingte Information** *über x_n bei Beobachtung von y_m am Ausgang des diskreten Kanals.*

Folgerung:

Die Verknüpfung von (2.2-3), (2.1-1) und (2.2-5) führt auf

$$I(x_n; y_m) = I(x_n) - I(x_n|y_m).$$

$I(x_n|y_m)$ wird als Information über $\{X = x_n\}$ nach der Beobachtung von $\{Y = y_m\}$ oder auch als **a posteriori Information** über $\{X = x_n\}$ interpretiert.

Da aufgrund der Definitionen 2.1-1 und 2.2-2 sowohl $I(x_n) \geq 0$ als auch $I(x_n|y_m) \geq 0 \; \forall \; m,n$ gilt, kann die Transinformation beide Vorzeichen annehmen. Es ist

$$\left\{ \begin{array}{ll} I(x_n; y_m) < 0 & \text{für } I(x_n|y_m) > I(x_n) \\ I(x_n; y_m) > 0 & \text{für } I(x_n|y_m) < I(x_n) \end{array} \right\}.$$

2.3   Mittlere Transinformation und bedingte Entropie

Durch Erwartungswertbildung über sämtliche Buchstabenkombinationen $(x_n; y_m)$ ergibt sich die mittlere Transinformation:

Definition 2.3-1

$$I(X;Y) = \sum_{n=1}^{N} \sum_{m=1}^{M} I(x_n; y_m) P(x_n; y_m)$$

$$= \sum_{n=1}^{N} \sum_{m=1}^{M} P(x_n; y_m) \log_2 \frac{P(x_n|y_m)}{P(x_n)} = \sum_{n}^{N} \sum_{m}^{M} P(y_m|x_n) \cdot P(x_n) \cdot \log_2 \left[\bullet \right]$$

$$= \sum_{n=1}^{N} \sum_{m=1}^{M} P(x_n; y_m) \log_2 \frac{P(x_n; y_m)}{P(x_n)P(y_m)} \qquad (2.3\text{-}1)$$

heißt **mittlere Transinformation** *zwischen der Eingangsvariablen X und der Ausgangsvariablen Y des diskreten Kanals.*

Bemerkung:

Sind X und Y stochastisch unabhängig, gilt $P(x_n; y_m) = P(x_n)P(y_m)$ und damit (vergleiche (2.3-1)) $I(X; Y) = 0$. Darüber hinaus ist immer $I(X; Y) \geq 0$.

Wir kehren nun zum Begriff der bedingten Information $I(x_n|y_m)$ (Definition 2.2-2) zurück und erklären:

Definition 2.3-2

Der Erwartungswert der bedingten Information

$$H(X|Y) = \sum_{n=1}^{N} \sum_{m=1}^{M} I(x_n|y_m)P(x_n; y_m)$$

$$= \sum_{n=1}^{N} \sum_{m=1}^{M} P(x_n; y_m) \log_2 \frac{1}{P(x_n|y_m)} \qquad (2.3\text{-}2)$$

heißt **bedingte Entropie.**

Bemerkungen:

(i) $H(X|Y)$ gibt die mittlere Information an, die in X vorhanden ist, nachdem Y beobachtet wurde.[1] Sind X und Y unabhängig, wird

$$H(X|Y) = \sum_{n=1}^{N} P(x_n) \log_2 \frac{1}{P(x_n)} \cdot \underbrace{\sum_{m=1}^{M} P(y_m)}_{=1} = H(X).$$

(ii) Aus (2.1-2), (2.3-1) und (2.3-2) folgt

$$I(X; Y) = H(X) - H(X|Y). \qquad (2.3\text{-}3)$$

Da $I(X; Y) \geq 0$ gilt, ist $H(X) \geq H(X|Y)$. Das heißt durch Beobachtung von Y wächst die Entropie von X nicht. Da $H(X)$ der Erwartungswert der von der Quelle gelieferten Information ist und $H(X|Y)$ den Erwartungswert der bedingten Information darstellt, ist die Transinformation $I(X; Y)$ der Erwartungswert für die Information, die man über X durch die Beobachtung von Y erhält.

---

[1] $H(X|Y)$ wird auch Äquivokation genannt [HH74].

Beispiel:

Für den Binärkanal (Bild 2.2-1) setzen wir $p_0 = p_1 = p$ (symmetrischer Binärkanal). Die a priori Wahrscheinlichkeiten seien $P(X = 0) = q$, $P(X = 1) = 1 - q$. Dann folgt für die **Entropie der Quelle** (Bild 2.1-1):

$$H(X) = -q \log_2 q - (1 - q) \log_2(1 - q)$$

Die **bedingte Entropie** $H(X|Y)$ berechnet sich nach (2.3-2). Sie ist in Bild 2.3-1(a) für verschiedene Werte der Vertauschungswahrscheinlichkeit p dargestellt. Ebenfalls in Abhängigkeit von p zeigt Bild 2.3-1(b) die **mittlere Transinformation** $I(X; Y)$.

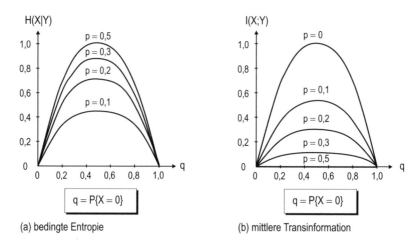

(a) bedingte Entropie   (b) mittlere Transinformation

Bild 2.3-1: Symmetrischer Binärkanal

2.4   Der diskrete gedächtnislose Kanal

Der symmetrische Binärkanal (Binary Symmetric Channel, BSC) ist ein Spezialfall des (zeit-)**diskreten gedächtnislosen Kanals** (Discrete Memoryless Channel, DMC). Dieser wird durch ein Eingangsalphabet $X = \{x_1, x_2, \ldots, x_N\}$, ein Ausgangsalphabet $Y = \{y_1, y_2, \ldots, y_M\}$ und $N \cdot M$ Übergangswahrscheinlichkeiten

$$P\{Y = y_m | X = x_n\} = P(y_m | x_n) \qquad (2.4\text{-}1)$$

beschrieben.

Wird auf den Eingang des DMC eine Folge $u_1, u_2, \ldots, u_K$ von K Symbolen aus X gegeben, gibt er am Ausgang eine Folge $v_1, v_2, \ldots, v_K$ von K Symbolen aus Y aus. Der Kanal heißt gedächtnislos, weil

$$P(Y_1 = v_1, Y_2 = v_2, \ldots, Y_K = v_K | X_1 = u_1, X_2 = u_2, \ldots,$$

$$X_K = u_K) = \prod_{k=1}^{K} P(v_k | u_k) \quad (2.4\text{-}2)$$

gilt.

Die Kanalcharakteristik des DMC ist durch die Übergangswahrscheinlichkeiten $P(y_m | x_n)$ gegeben, die a priori Wahrscheinlichkeiten $P(x_n)$ der Kanaleingangssymbole werden durch die Quelle (bzw., wie später deutlich werden wird, durch den Kanalcodierer) bestimmt. Die Kanalkapazität ist eine von der Quellencharakteristik unabhängige Größe:

Definition 2.4-1

$$C = \max_{\{P(x_n)\}} I(X; Y) \qquad (2.4\text{-}3)$$

heißt **Kanalkapazität** *des DMC.*

Bemerkungen:

(i) Die Maximumbildung in (2.4-3) wird unter den Randbedingungen

$$P(x_n) \geq 0 \quad ; n = 1, 2, \ldots, N; \quad \sum_{n=1}^{N} P(x_n) = 1$$

vorgenommen.

(ii) Die Einheit der Kanalkapazität ist bit pro Nutzung des Kanals.

Beispiel:

Für den BSC (Bild 2.2-1 mit $p_0 = p_1 = p$) wird $I(X; Y)$ für

$$P(X = 0) = P(X = 1) = 0{,}5$$

maximal. Die Kanalkapazität des BSC berechnet sich mit (2.3-1) und (2.4-3)
zu

$$C = p \log_2 2p + (1 - p) \log_2 2(1 - p)$$

und ist in Bild 2.4-1 dargestellt.

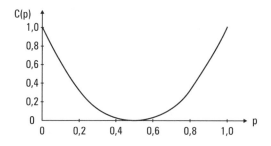

Bild 2.4-1: Kanalkapazität des BSC in Abhängigkeit von der
Fehlerwahrscheinlichkeit p

Für $p = 0$ ist $C = 1$ bit pro Nutzung des Kanals. Für $p = 0{,}5$ treten
die Kanalausgangssymbole rein zufällig auf. Gilt $0{,}5 < p \leq 1$, werden die
Bedeutungen von 0 und 1 vertauscht, d.h. C ist zu $p = 0{,}5$ symmetrisch.

Kapitel 3

Übertragungskanäle

Ein Übertragungskanal ist ein System, über das ein Signal vom Sender zum Empfänger übertragen wird. Beispiele für Übertragungskanäle liefern das Kupferkoaxialkabel, die Glasfaser oder der Funk. Der Kanal ermöglicht zwar die Übertragung, sorgt aber durch Laufzeit, Verzerrung und Störung dafür, dass Sendesignal $s(t)$ und Empfangssignal $r(t)$ nicht gleich sind. Es sind die Einflüsse des Kanals, die im Empfänger abgeschwächt bzw. sogar korrigiert werden müssen.

3.1 Verzerrungsfreie Übertragung

Bild 3.1-1 zeigt einen Kanal mit dem Eingangssignal $s(t)$, dem Ausgangssignal $r(t)$ und der Kanalimpulsantwort $h(t)$. In dieser Darstellung wird auf die Beachtung von Rauschprozessen bewusst verzichtet.

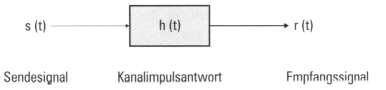

Bild 3.1-1: Übertragungskanal

Am besten wäre es natürlich, wenn $r(t) = s(t)$ wäre. Für die Kanalimpulsantwort hieße das

$$h(t) = \delta(t) \quad \circ\!\!-\!\!\bullet \quad H(f) = 1 \quad \forall\, f,$$

ein Idealzustand, der physikalisch unmöglich ist. Lässt man eine konstante
Laufzeit t_0 und eine konstante Dämpfung a durch den Kanal zu, ergibt sich

$$r(t) = a\, s(t - t_0)$$
$$h(t) = a\, \delta(t - t_o) \quad \circ\!\!-\!\!\bullet \quad H(f) = a\, e^{-j2\pi f t_0} \quad \forall\, f.$$

Da physikalisch erzeugbare Signale bandbegrenzt sind, kann davon ausgegangen werden, dass auch die Übertragungskanäle bandbegrenzt sind. Ein
ideal tiefpassbegrenzter Kanal ist z.B. charakterisiert durch die Übertragungsfunktion

$$H_{TP}(f) = \begin{cases} a\, e^{-j2\pi f t_0} & \text{für } |f| \le f_g \\[2mm] 0 & \text{sonst} \end{cases}$$

bzw. durch die Impulsantwort (vergleiche Anhang A)

$$h_{TP}(t) = 2 f_g \cdot a \cdot \frac{\sin\{2\pi f_g(t - t_0)\}}{2\pi f_g(t - t_0)}.$$

3.2 Der Einweg-Mobilfunkkanal

Die Verhältnisse beim Einweg-Mobilfunkkanal skizziert Bild 3.2-1.

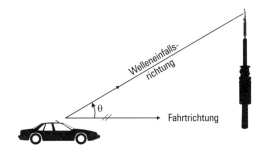

Bild 3.2-1: Der Einweg-Mobilfunkkanal

Das Empfangssignal $r(t)$ kann dargestellt werden als

$$r(t) = A \exp\{j[2\pi f_T t + \varphi_0]\}. \tag{3.2-1}$$

Da sich der Mobilteilnehmer relativ zum Sender bewegt, hängt die Phase des Empfangssignals von der Bewegung ab. Ist Θ der Winkel zwischen der Welleneinfallsrichtung am Fahrzeug und seiner Fahrtrichtung, folgt

$$r(t) = A \exp\{j[2\pi f_T t + \kappa x \cos \Theta]\}. \tag{3.2-2}$$

Bei der Geschwindigkeit v legt der Mobilteilnehmer in der Zeit t den Weg $x = v \cdot t$ zurück und aus (3.2-2) wird, wenn man beachtet, dass $\kappa = 2\pi/\lambda$ die Kreiswellenzahl ist,

$$r(t) = A \exp\left\{ j \left[2\pi \left(f_T + \frac{v}{\lambda} \cos \Theta \right) t \right] \right\}. \tag{3.2-3}$$

Darin entspricht

$$\Delta f_D = \frac{v}{\lambda} \cos \Theta \tag{3.2-4}$$

der durch die Bewegung verursachten Dopplerverschiebung. Die hier vorausgesetzten kleinen Wegänderungen über der Zeit beeinflussen den Empfangspegel **nicht**. Beim Einweg-Mobilfunkkanal tritt also **kein Fading** auf.

3.3   Der Zweiwege-Mobilfunkkanal

Die Ausbreitungssituation für den Zweiwege-Mobilfunkkanal ist in Bild 3.3-1 dargestellt.

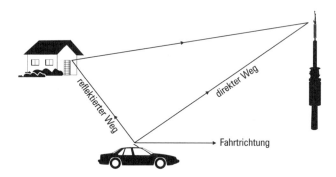

Bild 3.3-1: Der Zweiwege-Mobilfunkkanal

Zur Vereinfachung der nachfolgenden Rechnung nehmen wir an, dass die Dämpfung über beide Pfade gleich groß ist und die Phasendrehungen am Reflexionspunkt vernachlässigt werden können. Für das Empfangssignal folgt:

$$
\begin{aligned}
r(t) &= \frac{A}{2} e^{j2\pi f_T t} \left[\exp\left\{ j2\pi \frac{vt}{\lambda} \cos\Theta_1 \right\} \right.\\
&\quad + \left. \exp\left\{ j2\pi \frac{vt}{\lambda} \cos\Theta_2 \right\} \right]\\
&= \frac{A}{2} e^{j2\pi f_T t} \exp\left\{ j2\pi \frac{vt}{\lambda} \frac{\cos\Theta_1 + \cos\Theta_2}{2} \right\}\\
&\quad \cdot \left[\exp\left\{ -j2\pi \frac{vt}{\lambda} \frac{\cos\Theta_1 - \cos\Theta_2}{2} \right\} \right.\\
&\quad + \left. \exp\left\{ j2\pi \frac{vt}{\lambda} \frac{\cos\Theta_1 - \cos\Theta_2}{2} \right\} \right]
\end{aligned}
\tag{3.3-1}
$$

Der Empfangspegel $|r(t)|$ ist für den Zweiwege-Mobilfunkkanal wegabhängig:

$$
|r(t)| = A \left| \cos\left[2\pi \frac{vt}{2\lambda} (\cos\Theta_1 - \cos\Theta_2) \right] \right|
\tag{3.3-2}
$$

Es tritt schnelles Fading auf. Bild 3.3-2 zeigt den Fall $\Theta_1 = 0$ und $\Theta_2 = \pi$, für den (3.3-2) zu

$$|r(t)| = A \left| \cos \left[2\pi \frac{vt}{\lambda} \right] \right|$$

wird. Im zeitlichen Abstand $\Delta t = \lambda/(2v)$, entsprechend einem räumlichen Abstand von $\Delta x = \lambda/2$, hat der Empfangspegel Nullstellen. Die beiden an der Antenne einfallenden Wellen interferieren destruktiv, sie löschen sich aus.

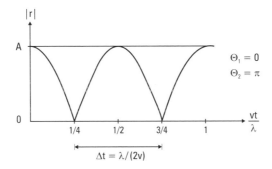

Bild 3.3-2: Schnelles Fading im Zweiwege-Mobilfunkkanal

Beispiel: Wir betrachten den in Bild 3.3-2 skizzierten Fall für GSM-Signale[1]:

Bei $f_T = 900\,\text{MHz}$ (das entspricht einer Wellenlänge von $\lambda = 30\,\text{cm}$) und einer Fahrzeuggeschwindigkeit von $60\,\text{km/h}$ folgt

$$\Delta t = \frac{0{,}3}{2 \cdot \frac{60000}{3600}}\,\text{s} = 9 \cdot 10^{-3}\,\text{s}, \quad \Delta x = 15\,\text{cm}.$$

Pro Sekunde durchfährt die Antenne 111 Nullstellen, die einen Abstand von 15 cm haben.

---

[1]GSM: Global System for Mobile Communications, siehe auch Kapitel 16

3.4   Der Mehrwege-Mobilfunkkanal

Die Überlegungen von Abschnitt 3.3 lassen sich nicht mehr ohne Schwierigkeiten auf den allgemeinen Fall der N-Wege-Ausbreitung übertragen. In diesem Fall treffen beim Empfänger N Wellen mit den Amplituden a_n aus den Richtungen Θ_n ein. Sie überlagern sich an der Empfangsantenne zum Summensignal

$$
\begin{aligned}
r(t) &= \sum_{n=1}^{N} a_n e^{j2\pi f_T t} \exp\left\{ j2\pi \frac{vt}{\lambda} \cos\Theta_n \right\} \\
&= A e^{j2\pi f_T t} e^{j\psi}.
\end{aligned}
\tag{3.4-1}
$$

Darin wurde zur Abkürzung

$$
A = \sqrt{\left(\sum_{n=1}^{N} a_n \cos\psi_n \right)^2 + \left(\sum_{n=1}^{N} a_n \sin\psi_n \right)^2}
$$

$$
\psi = \arctan\left(\frac{\sum_{n=1}^{N} a_n \sin\psi_n}{\sum_{n=1}^{N} a_n \cos\psi_n} \right)
$$

$$
\text{und } \psi_n = 2\pi \frac{vt}{\lambda} \cos\Theta_n; \quad n = 1,2,\ldots,N;
$$

gesetzt.

Aufgrund der Unübersichtlichkeit der Mehrwege-Ausbreitung greift man für ihre Beschreibung auf stochastische Methoden zurück.

3.5   Mehrwege-Ausbreitung: NLOS

In bebautem Gebiet tritt häufig der Fall auf, dass $N \gg 1$ ist und keine Sichtverbindung (NLOS, Non-Line of Sight) zwischen Sender und Empfänger besteht. Unter diesen Voraussetzungen folgt die Amplitude am Empfänger einer Rayleigh-Verteilung.

Inphasen- I und Quadraturkomponente Q des Empfangssignals (3.4-1)

$$
r(t) = (I + jQ)e^{j2\pi f_T t}
\tag{3.5-1}
$$

schreiben sich als

$$I = \sum_{n=1}^{N} a_n \cos \psi_n, \quad Q = \sum_{n=1}^{N} a_n \sin \psi_n.$$

Amplitude A und Phase ψ ergeben sich daher zu

$$A = \sqrt{I^2 + Q^2}, \quad \psi = \arctan \frac{Q}{I}.$$

Die Bestimmung der zu den einzelnen sich am Empfänger überlagernden Wellen gehörenden Amplituden a_n und Phasen ψ_n ist unmöglich.

Wir gehen deshalb hier von der Vorstellung aus, dass sich sowohl die Inphasenkomponente I als auch die Quadraturkomponente Q des Summensignals als Zufallsvariablen schreiben lassen:

$$I = \sum_{n=1}^{N} I_n, \quad Q = \sum_{n=1}^{N} Q_n \tag{3.5-2}$$

Darin sind alle Zufallsvariablen I_n und Q_n identisch verteilt und vollständig voneinander unabhängig. Darüber hinaus nehmen wir an, dass sowohl die I_n als auch die Q_n und damit natürlich auch I und Q den Erwartungswert 0 haben. Da $N \gg 1$ ist, folgt aus dem zentralen Grenzwertsatz für die Dichten von I und Q:

$$\begin{aligned} f_I(i) &= \frac{1}{\sqrt{2\pi}\sigma} \exp\left\{-\frac{i^2}{2\sigma^2}\right\} \\ f_Q(q) &= \frac{1}{\sqrt{2\pi}\sigma} \exp\left\{-\frac{q^2}{2\sigma^2}\right\} \end{aligned} \tag{3.5-3}$$

Da I und Q stochastisch unabhängig sind, folgt für ihre gemeinsame Dichte:

$$\begin{aligned} f_{I,Q}(i,q) &= f_I(i) \cdot f_Q(q) \\ &= \frac{1}{2\pi\sigma^2} \exp\left\{-\frac{i^2 + q^2}{2\sigma^2}\right\} \end{aligned} \tag{3.5-4}$$

Die gemeinsame Dichte $f_{A,\Psi}(a,\psi)$ erhält man aus (3.5-4) durch Variablentransformation gemäß

$$f_{A,\Psi}(a,\psi) = f_{I,Q}(i,q)\,|\mathfrak{J}|, \quad 0 \le \psi < 2\pi$$

mit der Funktionaldeterminante $|\mathfrak{J}| = a > 0$:

$$f_{A,\Psi}(a,\psi) = \frac{a}{2\pi\sigma^2} \exp\left\{-\frac{a^2}{2\sigma^2}\right\} \tag{3.5-5}$$

Die Dichten $f_\Psi(\psi)$ der Phase ψ und $f_A(a)$ der Amplitude A errechnen sich als Randdichten aus $f_{A,\Psi}$:

$$f_\Psi(\psi) = \int\limits_0^\infty f_{A,\Psi}(a,\psi)\,da = \frac{1}{2\pi\sigma^2}\int\limits_0^\infty a \exp\left\{-\frac{a^2}{2\sigma^2}\right\}\,da$$

$$= \begin{cases} \frac{1}{2\pi} & \text{für } 0 \le \psi < 2\pi \\ 0 & \text{sonst} \qquad\qquad [\text{B}^+05] \end{cases} \tag{3.5-6}$$

$$f_A(a) = \int\limits_0^{2\pi} f_{A,\Psi}(a,\psi)\,d\psi = \frac{a}{\sigma^2}\exp\left\{-\frac{a^2}{2\sigma^2}\right\} \quad \text{für } a > 0 \tag{3.5-7}$$

Erwartungswert und Varianz der Rayleigh-verteilten Amplitude A sind also gegeben durch

$$E\{A\} = \sqrt{\frac{\pi}{2}}\sigma, \quad D^2\{A\} = \left(2 - \frac{\pi}{2}\right)\sigma^2. \tag{3.5-8}$$

Die Dichte der Amplitude A zeigt Bild 3.5-1 für $\sigma^2 = \frac{1}{2}$.

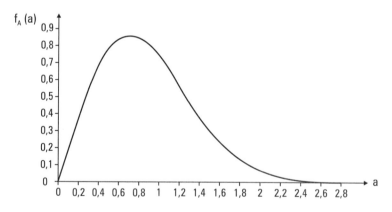

Bild 3.5-1: Dichte der Amplitute A für NLOS-Übertragung
(Rayleigh-Verteilung mit $\sigma^2 = \frac{1}{2}$)

Beim Entwurf von Mobilfunksystemen wird nun davon ausgegangen, dass
eine **mittlere Empfangsleistung**

$$\overline{P} = E\{A^2\} = 2\sigma^2 \qquad\qquad (3.5\text{-}9)$$

zur Verfügung steht. Sinkt die Amplitude A unter einen minimal notwendigen Empfangspegel $a_{\min}$, bricht die Verbindung ab (Bild 3.5-2).

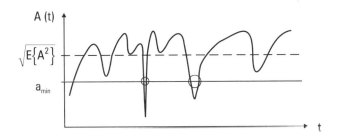

Bild 3.5-2: Verlauf der Empfangsamplitude über der Zeit

Die Wahrscheinlichkeit dafür, dass $A \leq a_{\min}$ gilt, errechnet man aus (3.5-7):

$$P(A \leq a_{\min}) = \int\limits_{0}^{a_{\min}} f_A(a)\,da$$

$$= 1 - \exp\left\{-\frac{a_{\min}^2}{E\{A^2\}}\right\} \qquad\qquad (3.5\text{-}10)$$

In Bild 3.5-3 ist die Gleichung (3.5-10) so skizziert, dass $a_{\min}$ auf $\sqrt{E\{A^2\}}$,
den Root Mean Square (RMS-) Wert der Amplitude, normiert wurde.

Beispiel:

Aus Bild 3.5-3 ist sofort ablesbar, dass der Empfangspegel beim hier verwen-
deten Rayleighkanal mit der Wahrscheinlichkeit 0,63 unter dem RMS-Wert
liegt. Fadingeinbrüche der Tiefe 10 dB (bzw. 30 dB) treten mit der Wahrscheinlichkeit 0,1 (bzw. 0,001) auf.

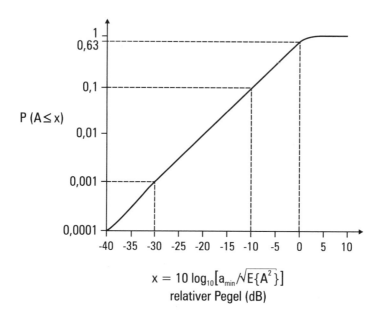

Bild 3.5-3: Normierte Verteilungsfunktion der Amplitude (doppelt logarithmisch)

Bemerkung:

Besteht Sichtverbindung zwischen Feststation und mobilem Teilnehmer, dominiert in der Mehrwegeausbreitung der direkte Pfad. In diesem Fall unterliegt die Amplitude A einer Rice-Verteilung (näheres siehe [DB96]).

Kapitel 4

Quellencodierung

Eine Quelle wurde in Abschnitt 2.1 als Zufallsvariable eingeführt, die Buchstaben (Zeichen) eines endlichen Alphabets $\{x_1, x_2, \ldots, x_N\}$ mit den Wahrscheinlichkeiten $P(x_n)$ liefert. Die Darstellung der von der Quelle gelieferten Zeichen wird als **Quellencodierung** bezeichnet. Beispiele für Quellencodierungen liefern z.B. das ISO 7-Bit-Alphabet (Bild 2-3) oder das Morse-Alphabet (Bild 2-2). Es fällt auf, dass beim ISO 7-Bit-Alphabet die Längen $L(x_n)$ aller Codewörter gleich sind. Das trifft für das Morse-Alphabet nicht zu. Mit

$$L = \sum_{n=1}^{N} P(x_n) L(x_n) \tag{4-1}$$

bezeichnen wir die mittlere **Codewortlänge**. L wird wie die Entropie der Quelle $H(X)$ in bit/Zeichen gemessen.

Stellt innerhalb eines Codes **kein** Codewort den Beginn eines anderen Codewortes dar, besitzt der Code die **Präfixeigenschaft**. Er wird, da die einzelnen Codewörter dann nicht durch ein besonderes Zeichen (z.B. ein Komma) getrennt werden müssen, auch als **kommafrei** bezeichnet.

Erfüllt ein Code die Präfixeigenschaft, kann die Decodierung durch einen Entscheidungsbaum vorgenommen werden: Wird ein Endknoten des Baums erreicht, ist ein gültiges Codewort gefunden. Sind in einem solchen binären Codebaum alle Endknoten durch gültige Codewörter belegt, gilt

$$\sum_{n=1}^{N} 2^{-L(x_n)} = 1. \tag{4-2}$$

Als **Entscheidungsgehalt einer Quelle mit N Zeichen** wird die Größe

$$H_0 = \log_2 N \, \text{bit/Zeichen} \qquad\qquad (4\text{-}3)$$

bezeichnet.

Beispiel:

Gegeben sei eine Quelle mit 10 Zeichen ($H_0 = 3{,}322\,\text{bit/Zeichen}$) und

$$P(x_n) = \begin{cases} 0{,}4 & \text{für } n = 1 \\ 0{,}1 & \text{für } 2 \le n \le 4 \\ 0{,}05 & \text{für } 5 \le n \le 10 \end{cases}$$

Bild 4-1 zeigt den Codebaum für eine kommafreie Binärcodierung der Zeichen. Für diesen Code gilt $L = 2{,}9\,\text{bit/Zeichen}$.

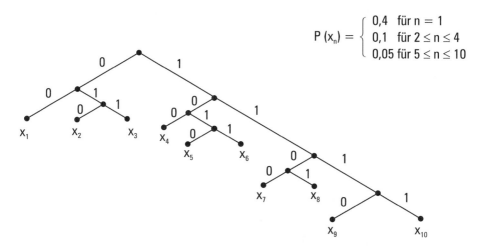

Bild 4-1: Beispiel für einen kommafreien Binärcode

Eine Quellencodierung ist **günstiger** als eine andere Quellencodierung, wenn die mittlere Codewortlänge der ersten kürzer als die mittlere Codewortlänge der zweiten ist.

4.1   Das Codierungstheorem von Shannon und der Huffman-Code

Das Codierungstheorem von Shannon, das hier nicht bewiesen werden soll (vergleiche [Roh95], S. 16 ff), macht folgende Aussagen:

1. Für jede Quelle X und für jede zugehörige Binärcodierung mit Präfixeigenschaft ist die mittlere Codewortlänge L nicht kleiner als die Entropie $H(X)$:

$$H(X) \leq L \qquad\qquad\qquad (4.1\text{-}1)$$

2. Für jede beliebige Quelle X kann eine Binärcodierung gefunden werden, sodass folgende Ungleichung gilt:

$$H(X) \leq L \leq H(X) + 1 \qquad\qquad (4.1\text{-}2)$$

Die Konstruktion eines Binärcodes gemäß dem Satz von Shannon studieren wir am folgenden

Beispiel:

Wir betrachten eine Quelle X, die einen Zeichenvorrat von zehn Elementen besitzt, deren Auftretenswahrscheinlichkeiten $P(x_n)$ in der zweiten Spalte von Tabelle 4.1-1 wiedergegeben sind. In der dritten Spalte finden wir die akkumulierten Auftretenswahrscheinlichkeiten

$$Q_n = \sum_{i=1}^{n-1} P(x_i).$$

Spalte 4 legt nach der Ungleichung

$$\frac{1}{2^{L(r_n)}} \leq P(x_n) \leq \frac{1}{2^{L(r_n)-1}}$$

die Längen $L(x_n)$ der Codewörter x_n fest. Spalte 5 enthält die Binärcodierungen für die Nachkommastellen der akkumulierten Auftretenswahrscheinlichkeiten Q_n, die bei der Länge $L(x_n)$ abgebrochen werden.

Zeichen	$P(x_n)$	Q_n	$L(x_n)$	Codewörter
x_1	0,25	0,00	2	00
x_2	0,2	0,25	3	010
x_3	0,2	0,45	3	011
x_4	0,15	0,65	3	101
x_5	0,07	0,8	4	1100
x_6	0,05	0,87	5	11011
x_7	0,025	0,92	6	111010
x_8	0,025	0,945	6	111100
x_9	0,02	0,97	6	111110
x_{10}	0,01	0,99	7	1111110
		1,0		

Tabelle 4.1-1: Konstruktion eines Codes nach dem Codierungstheorem
von Shannon

Dass der gefundene Code die Präfixeigenschaft besitzt, kann direkt aus Spalte 5 der Tabelle 4.1-1 abgelesen werden. Für die Quelle X gilt:

Entscheidungsgehalt $H_0 = \log_2 10 = 3{,}322$ bit/Zeichen

Entropie $H(X) = 2{,}769$ bit/Zeichen

Als mittlere Codewortlänge ergibt sich $L = 3{,}17$ bit/Zeichen. Sie erfüllt die Ungleichung (4.1-2).

Das Beispiel macht klar, dass die verfolgte Konstruktionsmethode nicht in jedem Fall einen Binärcode liefert, dessen mittlere Länge minimal ist. Das zeigt sich auch am in Bild 4.1-1 dargestellten Codebaum, bei dem nicht alle Endknoten belegt sind.

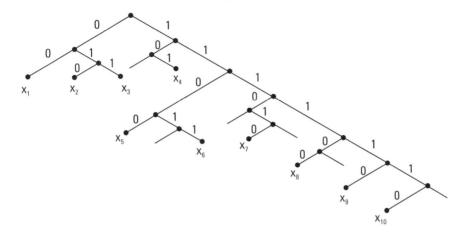

Bild 4.1-1: Codebaum zum Code von Tabelle 4.4-1

Als **Redundanz der Quelle** wird

$$R_Q = H_0 - H(X) \tag{4.1-3}$$

bezeichnet. Daneben entsteht durch den Einsatz einer konkreten Codierung die **Redundanz des Codes**

$$R_C = L - H(X). \tag{4.1-4}$$

Das obige Beispiel lässt vermuten, dass es bessere als das dort benutzte Codierverfahren, das $L \leq H(X) + 1$ garantiert, geben muss. Die Aufgabe, kommafreie Codes mit minimaler mittlerer Codewortlänge L zu ermitteln, löst das **Verfahren von Huffman**.

Die Konstruktion eines Huffman-Codes setzt den Codebaum von den Endknoten her (also sozusagen von unten) zusammen. Dazu werden die Zeichen zunächst nach der Größe ihrer Auftretenswahrscheinlichkeiten

$$P(x_1) \geq P(x_2) \geq \cdots \geq P(x_N)$$

geordnet. Die beiden Zeichen mit den kleinsten Auftretenswahrscheinlichkeiten sind gleich weit vom Ursprung des Codebaums entfernt, es gilt $L(x_{N-1}) = L(x_N)$. Wäre das nicht der Fall, bliebe einer der beiden Endknoten unbesetzt, was unmittelbar auf die Möglichkeit einer Codelängenreduzierung führt.

Der von diesen beiden Zeichen in die mittlere Codelänge eingebrachte Anteil ist daher $[P(x_{N-1}) + P(x_N)]L(x_N)$. Werden nun diese beiden Zeichen zu einem einzigen zusammengefasst, d.h. nicht mehr unterschieden, ist das letzte Bit der Binärcodedarstellung überflüssig und der Codieraufwand für die beiden Zeichen ist $[P(x_{N-1}) + P(x_N)][L(x_N) - 1]$.

Wir bezeichnen jetzt mit L_N die mittlere Codewortlänge einer Quelle mit N Zeichen und mit L_{N-1} die mittlere Codewortlänge einer Quelle mit $N-1$ Zeichen. Die zweite Quelle liefert bis auf x_{N-1} und x_N, die zu einem Zeichen zusammengefasst werden, dieselben Zeichen wie die erste Quelle. Es folgt

$$L_N - [P(x_{N-1}) + P(x_N)]L(x_N)$$
$$= L_{N-1} - [P(x_{N-1}) + P(x_N)][L(x_N) - 1]$$
$$\Leftrightarrow L_N = L_{N-1} + P(x_{N-1}) + P(x_N). \tag{4.1-5}$$

Der zur Unterscheidung der letzten beiden Zeichen zusätzlich notwendige Codieraufwand wird demnach durch $P(x_{N-1}) + P(x_N)$ beschrieben.

Das Huffman-Verfahren durchläuft über $N-1$ Iterationen die beiden folgenden Schritte:

1. Die beiden Zeichen mit den kleinsten Auftretenswahrscheinlichkeiten werden durch ein Bit unterschieden und dann zu einem neuen Zeichen zusammengefasst.

2. Die neuen Zeichen werden wieder nach fallender Auftretenswahrscheinlichkeit sortiert. Es ergeben sich zwei neue Zeichen mit kleinsten Auftretenswahrscheinlichkeiten.

Ein Huffman-Code ist **nicht** eindeutig.

Beispiel:

Bild 4.1-2 zeigt die Anwendung des Huffman-Verfahrens auf die in Tabelle 4.1-1 dargestellte Quelle. Die mittlere Codewortlänge ist hier $L = 2{,}83$ bit/Zeichen. Bild 4.1-3 zeigt den zugehörigen Codebaum.

x_1	x_2	x_3	x_4	x_5	x_6	x_7	x_8	x_9 0	x_{10} 1	
0,25	0,2	0,2	0,15	0,07	0,05	0,025	0,025	0,02	0,01	0,03
x_1	x_2	x_3	x_4	x_5	x_6	x_9 0	x_{10} 1	x_7	x_8	
0,25	0,2	0,2	0,15	0,07	0,05	0,03		0,025	0,025	0,05
x_1	x_2	x_3	x_4	x_5	x_6	x_7 00	x_8 01	x_9 10	x_{10} 11	
0,25	0,2	0,2	0,15	0,07	0,05	0,05		0,03		0,08
x_1	x_2	x_3	x_4	x_7 00	x_8 01	x_9 10	x_{10} 11	x_5 0	x_6 1	
0,25	0,2	0,2	0,15	0,08				0,07	0,05	0,12
x_1	x_2	x_3	x_4	x_5 00	x_6 01	x_7 100	x_8 101	x_9 110	x_{10} 111	
0,25	0,2	0,2	0,15	0,12		0,08				0,2
x_1	x_2	x_3	x_5 000	x_6 001	x_7 0100	x_8 0101	x_9 0110	x_{10} 0111	x_4 1	
0,25	0,2	0,2	0,2						0,15	0,35
x_5 000	x_6 001	x_7 0100	x_8 0101	x_9 0110	x_{10} 0111	x_4 1	x_1	x_2 0	x_3 1	
0,35							0,25	0,2	0,2	0,4
x_2 0	x_3 1	x_5 0000	x_6 0001	x_7 00100	x_8 00101	x_9 00110	x_{10} 00111	x_4 01	x_1 1	
0,4		0,35							0,25	0,6
x_5 00000	x_6 00001	x_7 000100	x_8 000101	x_9 000110	x_{10} 000111	x_4 001	x_1 01	x_2 10	x_3 11	
0,6								0,4		1,0
x_1	x_2	x_3	x_4	x_5	x_6	x_7	x_8	x_9	x_{10}	
01	10	11	001	00000	00001	000100	000101	000110	000111	L=2,83

Bild 4.1-2: Konstruktion eines zu der Quelle aus der Tabelle 4.1-1 gehörenden Huffman-Codes

Der Huffman-Code ist ein kommafreier Code mit variablen Codewortlängen, der die kürzeste mittlere Codewortlänge für ein vorgegebenes Alphabet X und vorgegebene Auftretenswahrscheinlichkeiten $P(x_n)$ erreicht.

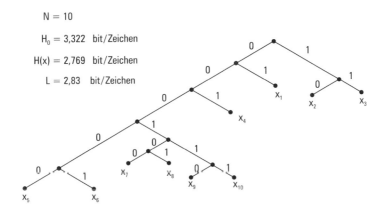

Bild 4.1-3: Codebaum zum Huffman-Code von Bild 4.1-2

4.2   Anwendungsbeispiel: Quellencodierung bei FAX

Der 1980 vom CCITT (jetzt ITU-T) verabschiedete Fax-Standard sieht für Gruppe 3 Geräte das im Folgenden skizzierte Lauflängen-Codierschema vor:

Ein *Datenstring* ist aus aufeinanderfolgenden Codewörtern variabler Länge zusammengesetzt. Die Standardauflösung in vertikaler Richtung beträgt 3,85 Zeilen/mm. Eine Standard *Scanzeile* von 21,5 cm Länge enthält in horizontaler Richtung 1728 Bildelemente.

Jedes Codewort stellt die Lauflänge von Bildelementen dar, die entweder alle weiß oder alle schwarz sind. Schwarze und weiße Abschnitte wechseln einander ab.

Damit empfangsseitig die schwarz/weiß Synchronisation nicht gestört wird, beginnt jeder Datenstring mit einem Codewort, das einen weißen Abschnitt beschreibt. Fängt der Datenstring tatsächlich mit einem schwarzen Abschnitt an, wird ihm ein weißer Abschnitt der Länge Null vorangestellt. Die Codierung für die schwarzen bzw. weißen Abschnitte bis zu einer maximalen Länge von 1728 Bildelementen ergibt sich aus Tabelle 4.2-1.

Es existieren zwei unterschiedliche Codewortarten, Makeup Codewörter und Terminating Codewörter. Jeder Abschnitt von Bildelementen wird entweder durch ein Terminating Codewort oder durch ein Makeup Codewort, auf das ein Terminating Codewort folgt, wiedergegeben.

Abschnitte der Länge 0 bis 63 Bildelemente werden direkt durch das zugehörige Terminating Codewort dargestellt, wobei für schwarze und weiße Abschnitte natürlich unterschiedliche Codewörter Verwendung finden. Abschnitte der Länge 64 bis 1728 Bildelemente werden entweder durch das Makeup Codewort beschrieben, das die Abschnittslänge genau wiedergibt, oder durch das Makeup Codewort maximaler Länge kleiner als die Abschnittslänge, gefolgt von dem Terminating Codewort der verbleibenden Längendifferenz zwischen Abschnittslänge und dem vorher gewählten Makeup Codewort.

Auf jeden Datenstring folgt ein *End-Of-Line* (EOL), bei dem es sich um ein eindeutiges Codewort handelt, das in einem gültigen Datenstring nie auftreten kann. Mit Hilfe des EOL wird daher eine Resynchronisation nach

Run length	White	Black	Run length	White	Black
		Makeup	Codewords		
64	11011	0000001111	960	011010100	0000001110011
128	10010	000011001000	1024	011010101	0000001110100
192	010111	000011001001	1088	011010110	0000001110101
256	0110111	000001011011	1152	011010111	0000001110110
320	00110110	000000110011	1216	011011000	0000001110111
384	00110111	000000110100	1280	011011001	0000001010010
448	01100100	000000110101	1344	011011010	0000001010011
512	01100101	0000001101100	1408	011011011	0000001010100
576	01101000	0000001101101	1472	010011000	0000001010101
640	01100111	0000001001010	1536	010011001	0000001011010
704	011001100	0000001001011	1600	010011010	0000001011011
768	011001101	0000001001100	1664	011000	0000001100100
832	011010010	0000001001101	1728	010011011	0000001100101
896	011010011	0000001110010	EOL	000000000001	000000000001

Run length	White	Black	Run length	White	Black
		Terminating	Codewords		
0	00110101	0000110111	32	00011011	000001101010
1	000111	010	33	00010010	000001101011
2	0111	11	34	00010011	000011010010
3	1000	10	35	00010100	000011010011
4	1011	011	36	00010101	000011010100
5	1100	0011	37	00010110	000011010101
6	1110	0010	38	00010111	000011010110
7	1111	00011	39	00101000	000011010111
8	10011	000101	40	00101001	000001101100
9	10100	000100	41	00101010	000001101101
10	00111	0000100	42	00101011	000011011010
11	01000	0000101	43	00101100	000011011011
12	001000	0000111	44	00101101	000001010100
13	000011	00000100	45	00000100	000001010101
14	110100	00000111	46	00000101	000001010110
15	110101	000011000	47	00001010	000001010111
16	101010	0000010111	48	00001011	000001100100
17	101011	0000011000	49	01010010	000001100101
18	0100111	0000001000	50	01010011	000001010010
19	0001100	00001100111	51	01010100	000001010011
20	0001000	00001101000	52	01010101	000000100100
21	0010111	00001101100	53	00100100	000000110111
22	0000011	00000110111	54	00100101	000000111000
23	0000100	00000101000	55	01011000	000000100111
24	0101000	00000010111	56	01011001	000000101000
25	0101011	00000011000	57	01011010	000001011000
26	0010011	000011001010	58	01011011	000001011001
27	0100100	000011001011	59	01001010	000000101011
28	0011000	000011001100	60	01001011	000000101100
29	00000010	000011001101	61	00110010	000001011010
30	00000011	000001101000	62	00110011	000001100110
31	00011010	000001101001	63	00110100	000001100111

Tabelle 4.2-1: Quellencodierung für die FAX-Übertragung nach CCITT

einem fehlerhaft empfangenen Datenstring möglich. Darüber hinaus wird ein zusätzliches EOL zu Beginn des ersten Datenstrings einer neuen Seite eingeführt.

In die Übertragung kann durch das Einsetzen eines *Fill* (das ist das Einblenden einer variablen Anzahl des Zeichens 0) eine Pause eingefügt werden. Ein Fill steht immer zwischen einem Datenstring und einem EOL, innerhalb eines Datenstrings tritt es nie auf. Das Fill muss eingesetzt werden, damit die Übertragungszeit von Daten, Fill und EOL zusammen nicht kleiner als die vorab bestimmte minimale Übertragungsdauer der gesamten codierten Scanzeile wird.

Das Ende eines Dokuments wird durch sechs aufeinanderfolgende EOLs angezeigt. Diese Zeichenfolge wird *Return to Control* (RTC) genannt. Nach dem RTC werden nur noch Steuerinformationen gesendet.

Bild 4.2-1 zeigt den Zusammenhang zwischen den hier diskutierten Signalen.

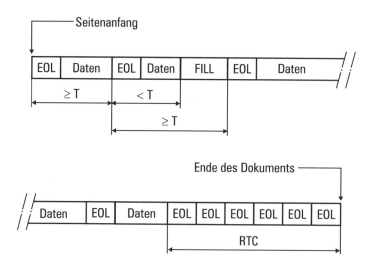

T : Minimale Übertragungsdauer
      einer codierten Scanzeile

Bild 4.2-1: Übertragung eines FAX-Dokuments

Mit Hilfe der Quellencodierung wird Redundanz aus einer Nachricht entfernt, ohne dass dabei Information verloren geht. Die Übertragung redundanzfreier Information ist jedoch kritisch, da sich Übertragungsfehler in diesem Fall weder erkennen noch korrigieren lassen. Daher wird der quellencodierten Nachricht in aller Regel wieder Redundanz hinzugefügt, die nun allerdings mit der Information algorithmisch verknüpft ist, sodass diese Redundanz im Empfänger für Zwecke der Fehlererkennung oder der Fehlerkorrektur eingesetzt werden kann. Damit ist die Aufgabe der Kanalcodierung umrissen.

Kapitel 5

Kanalcodierung 1: Allgemeine Bemerkungen und Blockcodierung

Die Kanalcodierung gestattet die Erkennung oder sogar die Korrektur von Fehlern, die bei der Übertragung binärer Datenwörter auftreten. Die Codierungstheorie bedient sich der Methoden der Arithmetik endlicher Algebren. Der Einfachheit halber beschäftigen wir uns daher hier mit Verfahren der bitweisen Codierung, die über der binären Algebra $GF(2)$[1] arbeiten. Mit der

Addition

+	0	1
0	0	1
1	1	0

und der Multiplikation

·	0	1
0	0	0
1	0	1

ist über der Menge $\{0,1\}$ der Körper $GF(2)$ erklärt. Körper sind Systeme, in denen die arithmetischen Grundoperationen $(+, -, \cdot, /)$ unbeschränkt ausgeführt werden können.

Senderseitig wird zur Codierung ein **Encoder** eingesetzt, dessen Gegenstück im Empfänger als **Decoder** bezeichnet wird.

---

[1]Mit $GF(\cdot)$ bezeichnet man einen endlichen Körper oder Galoiskörper (Galois Field).

5.1 Allgemeine Bemerkungen zur Kanalcodierung

Verfahren der Kanalcodierung werden eingesetzt, um bei gegebenem Signal-Rausch-Verhältnis (SNR, Signal to Noise Ratio) die Bitfehlerrate (BER, Bit Error Rate) zu senken. Als SNR_{bit} bezeichnet man das dimensionslose Verhältnis der Bitenergie zur Rauschleistungsdichte (siehe Anhang B):

$$SNR_{bit} = \frac{E_b}{N_0} \tag{5.1-1}$$

Die Wirksamkeit eines Kanalcodierungsverfahrens zeigt sich im Verhalten der BER über dem SNR_{bit} (Bild 5.1-1). Gegenüber der nicht codierten Übertragung ergibt sich ein **Codierungsgewinn**.

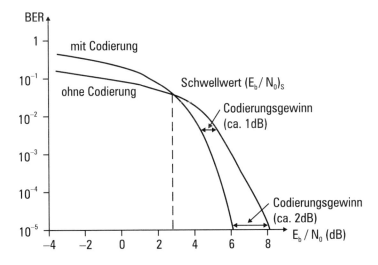

Bild 5.1-1: BER über SNR_{bit} und Codierungsgewinn

Beispiel:

15 Bits werden übertragen und durch vertikale und horizontale gerade Paritätskontrolle gesichert:

$$l = 1 \quad 2 \quad 3 \quad 4 \quad 5$$

$$m =$$

1	1	1	0	1	0	1
2	1	0	1	0	0	1
3	0	1	1	0	0	0
	0	0	1	1	0	0

Im Empfänger wird festgestellt, dass die Paritätsbits für $m = 2$ und $l = 3$ falsch sind. Damit ist erkannt, dass die unterstrichene 1 falsch ist und in eine 0 verwandelt werden muss.

Für einen Code, der bis zu t Fehler erkennen oder korrigieren kann, kann die **Restfehlerwahrscheinlichkeit** abgeschätzt werden durch

$$P_{F,\text{Rest}} \leq \sum_{i=t+1}^{n} \binom{n}{i} p^i (1-p)^{n-i}. \tag{5.1-2}$$

Darin ist mit n die Länge der Codewörter und mit p die Bitfehlerwahrscheinlichkeit bezeichnet. **Blockcodes** sind dadurch gekennzeichnet, dass sie ein k-bit-Datenwort in ein n-bit-Codewort transformieren. Sie werden auch als **(n,k)-Codes** bezeichnet. Ihre **Coderate** ist

$$r = \frac{k}{n}. \tag{5.1-3}$$

Für das o.g. Beispiel ergibt sich $r = \frac{k}{n} = \frac{15}{24} = \frac{5}{8}$.

Die Vorteile der Kanalcodierung werden erkauft durch

- erhöhten schaltungstechnischen Aufwand in Sender und Empfänger,
- zusätzliche Verzögerungen durch En- und Decoder-Durchlaufzeiten,
- eine um r verkleinerte (Netto-)Datenrate bei der Übertragung.

5.2 Systematische Blockcodes

Im Folgenden werden **lineare** Blockcodes betrachtet, d.h. die $n - k$ **Paritycheckbits** sind Linearkombinationen der k Datenbits. Ein Blockcode ist **systematisch**, wenn seine n-bit-Codewörter so aufgebaut sind, dass an das k-bit-Datenwort das $(n - k)$-bit-Paritycheckwort angehängt wird.

Der Encoder berechnet aus dem Datenwort $\vec{d}$ das Codewort

$$\vec{c}^{\,T} = \vec{d}^{\,T}\overline{G}, \tag{5.2-1}$$

worin $\overline{G}$ die **Codegeneratormatrix** ist. $\overline{G}$ hat die Form

$$\overline{G} = \left[\,\overline{T_k}\overline{\mathbf{P}}\,\right]. \tag{5.2-2}$$

$\overline{T}_k$ ist die $k \times k$ Einheitsmatrix und $\overline{P}$ spiegelt die Verknüpfungen zwischen Daten- und Paritycheckwörtern wider.

Beispiel:

$$\overline{G} = \begin{bmatrix} 1 & 0 & 0 & 1 & 1 & 0 & 0 \\ 0 & 1 & 0 & 0 & 1 & 1 & 0 \\ 0 & 0 & 1 & 1 & 1 & 1 & 1 \end{bmatrix} \tag{5.2-3}$$

definiert einen (7,3)-Code. Der Code ist systematisch und die Codewörter sind

$\vec{d}^{\,T}$	$\vec{c}^{\,T} = \vec{d}^{\,T}\overline{G}$
000	0000000
001	0011111
010	0100110
011	0111001
100	1001100
101	1010011
110	1101010
111	1110101

Alle Codewörter unterscheiden sich in mindestens drei Komponenten.

Allgemein heißt die Anzahl der Komponenten, an denen sich zwei Codewörter unterscheiden, **Hammingabstand**. Für einen Code, mit dem t Bitfehler korrigiert werden können, muss notwendigerweise gelten, dass der minimale Hammingabstand $d_{\min}$ zweier Codewörter die Ungleichung

$$d_{\min} \geq 2t + 1 \qquad (5.2\text{-}4)$$

erfüllt.

Der Decoder arbeitet mit der durch

$$\overline{H} = \left[\overline{P}^T \, \overline{T}_{n-k} \right] \qquad (5.2\text{-}5)$$

definierten **Paritycheckmatrix**.

Beispiel:

Für $\overline{G}$ aus Gleichung (5.2-3) ergibt sich

$$\overline{H} = \begin{bmatrix} 1 & 0 & 1 & 1 & 0 & 0 & 0 \\ 1 & 1 & 1 & 0 & 1 & 0 & 0 \\ 0 & 1 & 1 & 0 & 0 & 1 & 0 \\ 0 & 0 & 1 & 0 & 0 & 0 & 1 \end{bmatrix}. \qquad (5.2\text{-}6)$$

Der Decoder berechnet für das empfangene Wort $\vec{r}$ das Produkt

$$\vec{s}^T = \vec{r}^T \overline{H}^T. \qquad (5.2\text{-}7)$$

Ist $\vec{r}$ ein Codewort $\vec{c}$, folgt mit dem Paritycheckwort $\vec{c}_p$:

$$\vec{s}^T = \vec{c}^T \begin{bmatrix} \overline{P} \\ \overline{T}_{n-k} \end{bmatrix} = \begin{bmatrix} \vec{d}^T & \vec{c}_p^T \end{bmatrix} \begin{bmatrix} \overline{P} \\ \overline{T}_{n-k} \end{bmatrix}$$

$$= \vec{d}^T \overline{P} + \vec{c}_p^T \overline{T}_{n-k} = \vec{c}_p^T + \vec{c}_p^T = \vec{0}^T \qquad \text{in GF(2)}$$

Ist $\vec{r}$ kein Codewort, existiert ein vom Nullwort verschiedenes **Fehlermuster** $\vec{e}$ und ein Codewort $\vec{c}$, mit dem $\vec{r} = \vec{c} + \vec{e}$ gilt.

$\vec{s}$ aus (5.2-7) heißt **Syndrom**. Wenn $\vec{s} \neq \vec{0}$ gilt, liegt ein Übertragungsfehler vor.

Die Syndromdecodierung studieren wir an folgendem

Beispiel:

$\overline{G}$ bzw. $\overline{H}$ seien durch (5.2-3) bzw. (5.2-6) gegeben.

Wir senden das Codewort $\quad \vec{c}^T = (1101010)$

und empfangen $\qquad\qquad \vec{r}^T = (1111010),$

d.h. es ist $\qquad\qquad\qquad \vec{e}^T = (0010000).$

Der Decoder berechnet nach (5.2-7)

$$\vec{s}^T = \vec{r}^T \overline{H}^T = (1111).$$

Das ist die dritte Spalte der Paritycheckmatrix $\overline{H}$, also muss in r' das dritte Bit falsch sein.

Für die Korrekturfähigkeit eines Blockcodes gilt die **Hammingungleichung**: Um t Fehler korrigieren zu können, muss die Anzahl der möglichen Paritycheckwörter mindestens der Anzahl der Möglichkeiten entsprechen, unter denen bis zu t Fehler auftreten können:

$$2^{n-k} \geq \sum_{i=0}^{t} \binom{n}{i}. \tag{5.2-8}$$

Die Hammingungleichung ist eine notwendige (keine hinreichende) Bedingung!

5.3 Zyklische Blockcodes

Ein linearer (n,k)-Blockcode heißt **zyklisch**, wenn jede zyklische Verschiebung eines Codewortes wieder ein Codewort ist. Mit $\vec{c} - (c_1\, c_2\, \ldots\, c_{n-1}\, c_n)^T$ sind dann auch $(c_2\, c_3\, \ldots\, c_n\, c_1)^T$, $(c_3\, c_4\, \ldots\, c_n\, c_1\, c_2)^T$ usw. Codewörter.

Man kann zeigen, dass das Element der k-ten Zeile und n-ten Spalte der Generatormatrix $\overline{G}$ eines zyklischen Codes eine 1 sein muss, $\overline{G}$ also die

Form

$$\overline{G} = \begin{bmatrix} 1 & 0 & 0 & \cdots & 0 & \cdots & \\ 0 & 1 & 0 & \cdots & 0 & \cdots & \\ \vdots & & & & \vdots & & \\ 0 & 0 & 0 & \cdots & 1 & \cdots & 1 \end{bmatrix} \tag{5.3-1}$$

besitzt.

Wir betrachten im Folgenden nur noch systematische, zyklische Codes und führen deren Polynomdarstellung ein über folgendes

Beispiel:

Die Generatormatrix

$$\overline{G} = \begin{bmatrix} 1 & 0 & 0 & 1 & 1 & 1 & 0 \\ 0 & 1 & 0 & 0 & 1 & 1 & 1 \\ 0 & 0 & 1 & 1 & 1 & 0 & 1 \end{bmatrix} \tag{5.3-2}$$

definiert einen systematischen, zyklischen (7,3)-Code. Ihre Polynomform ist

$$\overline{G} = \begin{bmatrix} x^6 & - & - & x^3 & x^2 & x & - \\ - & x^5 & - & - & x^2 & x & 1 \\ - & - & x^4 & x^3 & x^2 & - & 1 \end{bmatrix} \quad \leftarrow g(x) \tag{5.3-3}$$

und

$$g(x) = x^4 + x^3 + x^2 + 1 \tag{5.3-4}$$

ist das Generatorpolynom des Codes.

Jeder zyklische (n,k)-Blockcode besitzt ein **Generatorpolynom** der Gestalt

$$g(x) = x^{n-k} + \cdots + 1, \tag{5.3-5}$$

das den Grad $n - k$ und aufgrund von (5.3-1) immer den konstanten Summanden 1 hat.

Mit Mitteln der Algebra beweist man folgenden

Satz:

Das Generatorpolynom $g(x)$ erzeugt genau dann einen zyklischen (n,k)-Code, wenn es Teiler von $x^n + 1$ ist.

Beispiel:

Wir suchen $(7,k)$-Codes, benötigen also Teiler von $x^7 + 1$. Man kann nachrechnen, dass

$$x^7 + 1 = (x + 1)(x^3 + x + 1)(x^3 + x^2 + 1) \tag{5.3-6}$$

gilt und die Faktoren der rechten Seite irreduzibel sind. Durch

$$g(x) = (x + 1)(x^3 + x + 1) = x^4 + x^3 + x^2 + 1$$

wird also, wie wir eigentlich schon aus (5.3-3) wissen, ein zyklischer $(7,3)$-Code definiert.

Die **Konstruktion zyklischer Codes** verläuft wie folgt:

1. Durch Auswertung der Hamming-Ungleichung (5.2-8) findet man eine geeignete (n,k)-Kombination für eine vorgegebene Fehlerkorrekturfähigkeit t.

2. Ein Teiler von $x^n + 1$ mit dem Grad $n - k$ wird als Generatorpolynom $g(x)$ benutzt.

3. Aus $g(x)$ wird die Generatormatrix $\overline{G}$ berechnet (siehe Anhang C).

4. Der so gefundene Code muss, da die Hamming-Ungleichung (5.2-8) nur eine notwendige Bedingung liefert, noch dahingehend untersucht werden, ob er die gewünschte Korrekturfähigkeit auch wirklich besitzt.

Zur Generierung eines zyklischen Codes werden linear rückgekoppelte Schieberegister eingesetzt. Dazu werden Datenwort $\vec{d}$ und Codewort $\vec{c}$ zunächst als Polynome geschrieben:

$$d(x) = d_1 x^{k-1} + d_2 x^{k-2} + \cdots + d_{k-1} x + d_k$$
$$c(x) = c_1 x^{n-1} + c_2 x^{n-2} + \cdots + c_{n-1} x + c_n$$

Da $d(x)$ maximal den Grad $k - 1$ hat, besitzt $x^{n-k}d(x)$ maximal den Grad $n - 1$. Wir berechnen

$$\frac{x^{n-k}d(x)}{g(x)} = q(x) + \frac{r(x)}{g(x)}. \tag{5.3-7}$$

Die Division liefert ein Polynom $q(x)$ maximal $(k - 1)$-ten Grades und einen Rest $r(x)$. Wegen $r(x) + r(x) = 0 \pmod 2$ ist $x^{n-k}d(x) + r(x)$ durch $g(x)$ teilbar.

Da die Zeilen der Generatormatrix in Polynomform, z.B. (5.3-3), sukzessive unter Beachtung der Regeln der linearen Algebra aus der letzten Zeile, die $g(x)$ enthält, konstruiert werden (siehe Anhang C), stellt jede dieser Zeilen ein mit $g(x)$ multipliziertes Polynom dar. Daher gilt für das Codewortpolynom

$$c(x) = a(x)g(x). \tag{5.3-8}$$

Das Polynom $a(x)$ hat maximal den Grad $k - 1$, es gibt also genau 2^k verschiedene Polynome $a(x)$.

Da $x^{n-k}d(x) + r(x)$ durch $g(x)$ teilbar ist, gibt es also ein Codewort

$$c(x) = a(x)g(x) = x^{n-k}d(x) + r(x). \tag{5.3-9}$$

$x^{n-k}d(x)$ ist aber nichts weiter als ein Linksshift der Datenbits um $n - k$ Stellen. Da der Code systematisch ist, muss also

$$r(x) = \text{Rest} \left[\frac{x^{n-k}d(x)}{g(x)} \right] \tag{5.3-10}$$

das Paritycheckwort sein.

Beispiel:

$$g(x) = x^4 + x^3 + x^2 + 1$$

erzeugt einen zyklischen (7,3)-Code. Mit $\vec{d} = (001)^T$ und $n - k = 4$ folgt

$$d(x) = 1, \quad x^{n-k}d(x) = x^4$$

und daraus gemäß (5.3-10):

$$r(x) = \text{Rest} \left[\frac{x^4}{x^4 + x^3 + x^2 + 1} \right] = x^3 + x^2 + 1$$

$\vec{d}$ wird also codiert in $\vec{c} = (0\,0\,1\,1\,1\,0\,1)^T$.

Die Gleichung (5.3-10), mit der der Rest einer Polynomdivision berechnet wird, kann als linear rückgekoppeltes Schieberegister mit $n - k$ Speicherzellen implementiert werden. Die Codierung des systematischen Datenworts $\vec{d}$ (bzw. $d(x)$) geschieht dann wie folgt:

Die k Datenbits werden nacheinander in die $n - k$ Zellen des Schieberegisters (Bild 5.3-1) eingeschrieben.

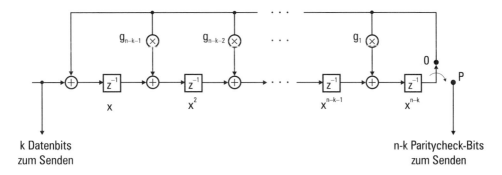

k Datenbits
zum Senden

n-k Paritycheck-Bits
zum Senden

Bild 5.3-1: Schieberegister-Encoder

Der Schalter hinter der letzten Zelle ist in Stellung 0. Gleichzeitig mit dem Einschreiben in das Schieberegister werden die Datenbits gesendet. Sie bilden, da der Code systematisch ist, die ersten k Bits des Codewortes der Länge n. Das Schieberegister läuft nun (Schalterstellung immer noch 0) bis das k-te Datenbit die letzte Zelle verlässt. Die Faktoren g_i in den Rückkopplungszweigen sind 0 oder 1, je nachdem ob die entsprechenden Koeffizienten des Generatorpolynoms

$$g(x) = x^{n-k} + g_1 x^{n-k-1} + \cdots + g_{n-k-1} x + 1 \qquad (5.3\text{-}11)$$

0 oder 1 sind. Wenn das k-te Datenbit d_k die letzte Schieberegister-Zelle verlassen hat, stehen in den $n - k$ Speicherzellen die Bits des Paritycheckworts.

Der Schalter wird in die Stellung P umgelegt und das Paritycheckwort wird zum Senden an das Datenwort angehängt.

Beispiel:

Das zu $g(x) = x^4 + x^3 + x^2 + 1$ gehörende Schieberegister ist in Bild 5.3-2 abgebildet.

Das Datenwort $\vec{d} = (0\,0\,1)^T$ generiert, wie in Bild 5.3-2 dargestellt, das Codewort $\vec{c} = (0\,0\,1\,1\,1\,0\,1)^T$.

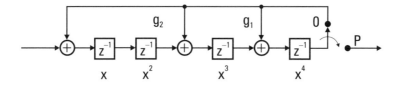

Codierer zum Generatorpolynom
$g(x) = x^4 + x^3 + x^2 + 1$

Inhalt von Zelle	4	3	2	1	
	0	-	-	-	
	0	0	-	-	Bitintervall
letztes Datenbit wird eingelesen	1	0	0	-	
	0	1	0	0	
	0	0	1	0	
	0	0	0	1	
letztes Datenbit verlässt das SR	1	0	1	1	→ Paritycheck-Bits

Bild 5.3-2: Beispiel für einen Schieberegister-Encoder

Kapitel 6

Kanalcodierung 2: Faltungscodierung

Ein Faltungs-Encoder kann als Schieberegister mit Verknüpfungslogik ange-sehen werden. Jeweils k Bits werden zu einem Symbol zusammengefasst. Die-se Symbole werden anschließend taktweise in ein Schieberegister der Länge $L = b \cdot k$ eingegeben (Bild 6-1). $b = L/k$ heißt Eindringtiefe und L heißt Einflusslänge des Encoders. $r = k/n$ gibt die Coderate an.

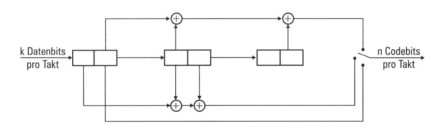

$k = 2$	Datenbits pro Takt		$L = b \cdot k = 6$	Einflusslänge
$n = 3$	Codebits pro Takt		$r = k/n = 2/3$	Coderate
$b = 3$	Eindringtiefe			

Bild 6-1: Beispiel für einen Faltungs-Encoder

Wir setzen für den Rest dieses Kapitels $k = 1$ und machen uns die Faltungscodierung am in Bild 6-2 skizzierten Encoder klar. Stehen zu Beginn Nullen
in den Schieberegister-Zellen, gibt der Encoder auf

die Datenbits   ...   0   1   0   1   1   0

die Codebits   ...   01   00   10   10   11   00   aus.

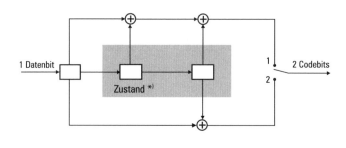

$k = 1$	$L = 3$	*) Zustandsnummer:
$n = 2$	$r = 1/2$	1. Bit rechts
$b = 3$	Startbelegung: 0 0 0	2. Bit links

Bild 6-2: Standardbeispiel für einen Faltungs-Encoder

6.1   Darstellungen des Encoders

Zunächst einmal kann der Encoder aus Bild 6-2 in Form eines **Codebaums**
(Bild 6.1-1) dargestellt werden.

Ist das Datenbit eine 0, wird nach oben gegangen, ist es eine 1, wird nach
unten gegangen. Die Datenbits sind jeweils unter, die auszugebenden Codebits sind über dem Ast angegeben. Eine bestimmte Bitfolge führt auf genau
einen Pfad durch den Baum. Der Baum wächst exponentiell mit dem Takt.

Die zweite Darstellung des Encoders ist sein **Zustandsdiagramm**: Es gibt
2^{b-1} Zustände, die durch den Inhalt der $b-1$ rechts stehenden Schieberegister-
Zellen bestimmt sind. Die Zustandsnummer ergibt sich als Binärzahl aus dem
von rechts nach links gelesenen Inhalt dieser $b - 1$ Zellen.

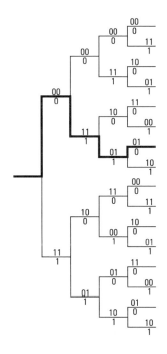

Bild 6.1-1: Codebaum für den Encoder von Bild 6-2

Der Inhalt der links stehenden Schieberegister-Zelle (das ist das aktuelle Datenbit) bestimmt den Übergang zum nächsten Zustand. Datenbits und Codebits sind an den Übergangspfeilen des Zustandsdiagramms angegeben, wobei die Codebits hier und in den folgenden Bildern in ihrer „natürlichen" Reihenfolge (1. Bit links, 2. Bit rechts) notiert sind (Bild 6.1-2).

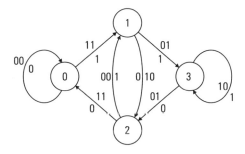

Bild 6.1-2: Zustandsdiagramm für den Encoder von Bild 6-2

Eine Kombination von Codebaum und Zustandsdiagramm stellt das **Trellisdiagramm** (Bild 6.1-3) dar:

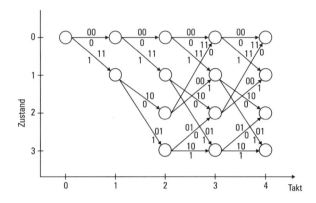

Bild 6.1-3: Trellisdiagramm für den Encoder von Bild 6-2

Darin werden taktweise die 2^{b-1} Zustände und die Übergangspfeile zwischen diesen dargestellt. Ist das nächste Datenbit eine 0, wird der obere, ist es eine 1, der untere Pfeil, der aus dem aktuellen Zustand herausführt, zum Übergang in den nächsten Zustand genutzt. Auch hier können an den Pfeilen sowohl das Datenbit als auch die auszugebenden Codebits abgelesen werden.

6.2   Decoder

Während der Block-Decoder n Codebits in k Datenbits zurückverwandelt, ist die Lage beim Faltungs-Decoder etwas komplizierter, da aufgrund des Encodierverfahrens zusätzlich zum aktuellen Datenbit vorhergehende Datenbits Einfluss auf die auszugebenden Codebits haben. Empfängerseitig muss also zu einer vom Demodulator an den Decoder abgegebenen Codebitfolge $\vec{y}$ (Empfangsbitfolge) die Sendebitfolge gefunden werden, die höchstwahrscheinlich gesendet wurde. Die Anzahl der möglichen codierten Sendebitfolgen $\vec{x}$ wächst allerdings exponentiell mit der Zeit (Codebaum, Bild 6.1-1). Wir nehmen für die folgende Betrachtung an, dass Sendebitfolge und Empfangsbitfolge dieselbe endliche Länge N haben. Die Entscheidung kann entweder aus Sicht des Empfängers oder aus Sicht des Senders getroffen werden:

Sicht des Empfängers: Die Entscheidung fällt für die Sendebitfolge $\vec{x}\,'$, die **nach** Empfang der Empfangsbitfolge die höchste Wahrscheinlichkeit hat:

$$P(\vec{x}\,'|\vec{y}) = \max_{\vec{x}} P(\vec{x}\,|\vec{y}) \tag{6.2-1}$$

Die Entscheidung fällt also nach dem maximum aposteriori (MAP-)Kriterium. Der Decoder wird als **MAP-Decoder** bezeichnet.

Sicht des Senders: Die Entscheidung fällt nach dem Maximum-Likelihood-Verfahren. Das heißt für die gegebene Empfangsbitfolge $\vec{y}$ wird diejenige Sendebitfolge $\vec{x}\,'$ bestimmt, für die die bedingte Dichte $f(\vec{y}|\vec{x}\,')$ maximal wird:

$$f(\vec{y}|\vec{x}\,') = \max_{\vec{x}} f(\vec{y}|\vec{x}) \tag{6.2-2}$$

Der Decoder heißt **ML-Decoder**.

Im Allgemeinen unterscheiden sich MAP- und ML-Decoder. Nimmt man aber an, dass alle möglichen **Sendebitfolgen gleichwahrscheinlich** sind (was bei vernünftiger Quellencodierung zumindest näherungsweise gilt), folgt über die Formel von Bayes

$$P(\vec{x}\,|\vec{y}) = \frac{f(\vec{y}|\vec{x})\cdot P(\vec{x})}{f(\vec{y})}. \tag{6.2-3}$$

Da in (6.2-3) $P(\vec{x})$ eine Konstante und $f(\vec{y})$ unabhängig von $\vec{x}$ ist, sind in diesem Fall **MAP- und ML-Decoder identisch**.

Liefert der Demodulator an den Decoder Bitfolgen, arbeitet der Decoder mit **Hard-Decision**. Es bietet sich in diesem Fall an, die Entscheidung über den Hammingabstand d herbeizuführen. Der Abstand zwischen der Sendebitfolge $\vec{x}$ und der am Demodulatorausgang vorliegenden Empfangsbitfolge $\vec{y}$ (beide haben die Länge N) ist bei m Bitfehlern einfach $d(\vec{x},\vec{y}) = m$. Die Entscheidung nach dem minimalen Hammingabstand ist der Entscheidung nach dem ML-Verfahren gleich: Für m Bitfehler in einer Bitfolge der Länge N gilt nämlich unter der Annahme eines symmetrischen Binärkanals

$$P(\vec{y}|\vec{x}) = p_b^m (1 - p_b)^{N-m}, \tag{6.2-4}$$

wobei p_b die Bitfehlerwahrscheinlichkeit ist. Der Logarithmus ist monoton nicht fallend, also kann statt (6.2-4) auch

$$\ln P(\vec{y}|\vec{x}) = m \ln p_b + (N - m) \ln(1 - p_b)$$

$$= m \ln \frac{p_b}{1 - p_b} + N \ln(1 - p_b) \tag{6.2-5}$$

maximiert werden. Für $p_b < 0{,}5$ (was sicher eine sinnvolle Annahme ist) sind beide Summanden auf der rechten Seite < 0 und, da N eine Konstante ist, wird (6.2-5) für minimales m maximal.

Wird die Übertragung durch additives weißes Gauß'sches Rauschen der Rauschleistungsdichte N_0 gestört, ist die Amplitudenverteilung der Empfangsbits y_n zunächst durch die Dichte

$$f(y_n|x_n) = \frac{1}{\sqrt{2\pi N_0}} \exp\left\{-\frac{|y_n - x_n|^2}{2N_0}\right\} \tag{6.2-6}$$

gegeben. Das heißt der Demodulator muss an dieser Stelle noch nicht unbedingt „hart" auf Bits entscheiden: Er kann dem Decoder die Möglichkeit zur **Soft-Decision** geben. Werden die Bits nämlich (wie im symmetrischen Binärkanal) stochastisch unabhängig übertragen, gilt

$$f(\vec{y}|\vec{x}) = \prod_{n=1}^{N} f(y_n|x_n) \tag{6.2-7}$$

und für die Likelihoodfunktion ergibt sich

$$\ln f(\vec{y}|\vec{x}) = \sum_{n=1}^{N} \ln f(y_n|x_n)$$

$$= \sum_{n=1}^{N} \left[-\frac{1}{2}\ln(2\pi N_0) - \frac{1}{2N_0}|y_n - x_n|^2\right]$$

$$= -\frac{1}{2N_0} \sum_{n=1}^{N} |y_n - x_n|^2 + \text{const.} \tag{6.2-8}$$

Der ML-Decoder entscheidet also für die Sendebitfolge $\vec{x}$, die der Empfangsbitfolge $\vec{y}$ nach dem Euklid'schen Abstand am nächsten kommt. Gegenüber Hard-Decision kann man bei Soft-Decision mit einem um ca. 2,5 dB höheren Codegewinn rechnen.

6.3 Der Viterbi-Algorithmus

Faltungs-Decoder, die nach dem sequenziellen ML-Prinzip arbeiten, müssen also nur die Hamming- (Hard-Decision) oder die Euklid'schen (Soft-Decision) Abstände der Empfangsbitfolge zu allen möglichen Sendebitfolgen bestimmen und unter diesen Abständen den minimalen identifizieren. Für große Folgenlängen N ist das hier beschriebene Vorgehen nicht möglich, da die Anzahl der Vergleichspfade exponentiell mit N wächst.

So waren Faltungscodes praktisch nicht einsetzbar, bis 1967 Andrew J. Viterbi einen Algorithmus veröffentlichte, mit dem in jedem Takt nicht mehr 2^N, sondern nur noch 2^{L-1} (L ist die Einflusslänge des Encoders) Vergleiche ausgeführt werden müssen.

Wir studieren den **Viterbi-Algorithmus** wieder an dem in Bild 6-2 dargestellten Beispiel eines Encoders. Zu diesem Encoder gehört das in Bild 6.1-3 angegebene Trellisdiagramm, in dem auffällt, dass ab dem dritten Takt in jeden Zustand jeweils zwei Pfade münden.

Der Einfachheit halber befassen wir uns zunächst mit der Hard-Decision-Decodierung. Der Viterbi-Algorithmus lässt sich einfach (s.u.) auf die Soft-Decision-Decodierung erweitern.

Kehren wir zu Bild 6.1-3 zurück und schreiben in die Knoten des Trellis zunächst bis zum zweiten Takt den Hammingabstand zwischen Empfangsbit- und (möglicher) Sendebitfolge. Ab dem dritten Takt münden in jeden Zustand zwei Pfade, von denen wir aber nur denjenigen weiterverfolgen, der gegenüber der Empfangsbitfolge den kleineren Hammingabstand hat. Zu diesem Vorgehen müssen zunächst zwei Bemerkungen gemacht werden:

1. Der Pfad, der beim Einmünden in einen Zustand gegenüber der Empfangsbitfolge den größeren Hammingabstand hat, wird in der Folge nie eine Chance haben, Teil des optimalen Decodier-Pfads zu werden, da der Hammingabstand eine mit dem Takt monoton nichtfallende Funktion ist.

2. Besitzen die in einen Zustand einlaufenden Pfade denselben Hammingabstand zur Empfangsbitfolge, wird die Entscheidung für einen der beiden durch das Los getroffen (oder beide Pfade werden weiter verfolgt).

Bild 6.3-1(a) zeigt das aus der Encodierung der Datenfolge 0 1 1 0 1 bei Start

des Encoders (Bild 6-2) im Nullzustand sich am Decoder nach „Ausdünnung"
durch den Viterbi-Algorithmus ergebende Trellisdiagramm, wenn kein Über-
tragungsfchlcr aufgctrcten ist. Die Sendebitfolge 0 0 1 1 0 1 0 1 0 0 ist dann
identisch mit der oben im Bild angegebenen Empfangsbitfolge. Bild 6.3-1(b)
zeigt das Vorgehen bei der Decodierung, wenn einfach vom fünften Takt
aus der Pfad mit dem minimalen Hammingabstand bis zum nullten Takt
zurückverfolgt wird. Die Bilder 6.3-1(c) und 6.3-1(d) zeigen das Vorgehen,
wenn das erste und das fünfte Bit der Sendebitfolge falsch empfangen wurden. Der Decoder korrigiert in diesem Fall die Übertragungsfehler.

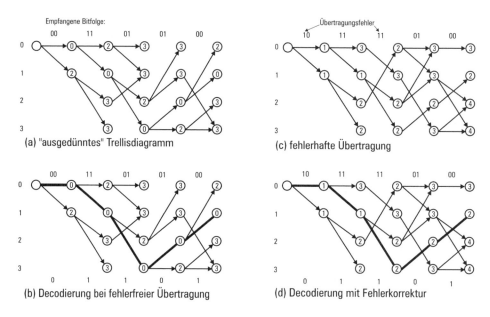

Bild 6.3-1: Viterbi-Algorithmus für ein Encodierungsbeispiel nach Bild 6-2

Der Faltungs-Encoder erzeugt im Prinzip eine beliebig lange Sendebitfolge.
Der unmotivierte Abbruch des Decodierverfahrens, so wie wir es in unserem
Beispiel durchgeführt haben, zieht eine erhöhte Fehleranfälligkeit am Ende
der Empfangsfolge nach sich. In der Praxis wird daher häufig so vorgegangen,
dass durch das Einfügen von Nullen in den senderseitigen Datenstrom nach
einer festen Anzahl von Informationsbits der Encoder in den Nullzustand
gebracht wird. Von dort aus wird dann auch die Encodierung der nächsten
Datenbitfolge begonnen. Für das Trellisdiagramm bedeutet dies, dass (wenn

am Ende kein Fehler auftritt) alle Pfade im Nullzustand enden. Für unser Beispiel ist diese *Terminierung* in Bild 6.3-2 dargestellt.

Für den Fall der Soft-Decision-Decodierung werden statt der Bits die Matched-Filter-Ausgänge $\vec{y}$ direkt an den Decoder gegeben, der dann statt des Hammingabstands den Euklid'schen Abstand auswertet.

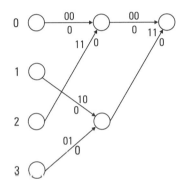

Bild 6.3-2: Terminierung des Encoders (bzw. des Trellisdiagramms) in den Nullzustand

6.4 Korrektureigenschaften von Faltungscodes

Die Leistungsfähigkeit eines Faltungscodes bei gleichverteilten Bitfehlern hängt - wie bei den Blockcodes (siehe (5.2-8)) - von der Minimaldistanz zwischen Empfangsbitfolge und Sendebitfolge ab. Der Zusammenhang ist aber für Faltungscodes nicht so einfach wie für Blockcodes, insbesondere kann die Restfehlerwahrscheinlichkeit nicht mehr wie in (5.1-2) über die Binomialverteilung abgeschätzt werden. Die Restfehlerwahrscheinlichkeit hängt bei Faltungscodes nämlich nicht nur von der Anzahl, sondern auch von der Position der Fehler im Bitstrom ab.

Die Bilder 6.4-1(a) bis 6.4-1(d) geben die Bitfehlerwahrscheinlichkeiten am Decoderausgang für die besten bekannten Faltungscodes mit den Raten 1/2 und 1/3 sowohl für Hard- als auch für Soft-Decision-Decodierung wieder. Dabei wurden BPSK-Modulation (vergleiche Kapitel 7) und ein AWGN-(Additive White Gaussian Noise) Kanal zugrunde gelegt. Der zusätzliche

Codiergewinn durch Soft-Decision-Decodierung liegt bei ca. 2,5 dB. Die Leistungsfähigkeit von Faltungscodes steigt mit wachsender Einflusslänge L des Encoders.

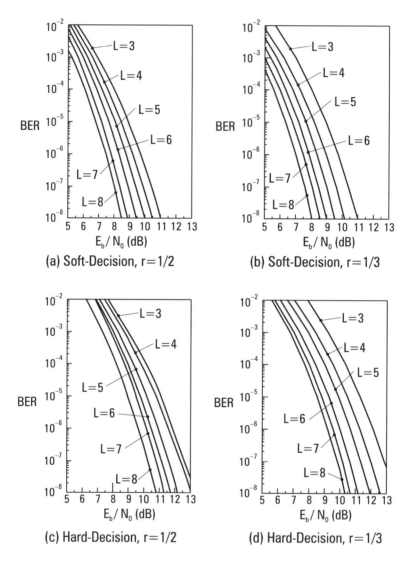

Bild 6.4-1: Leistungsfähigkeit von Faltungscodes, BPSK-Modulation, AWGN-Kanal, Bitfehlerraten am Decoderausgang

Kapitel 7

Modulationsverfahren

Der Modulator ist im Sender die Schnittstelle zwischen der digitalen und der analogen Welt. Er ordnet einzelnen Bits oder Bitgruppen, die im Folgenden als Symbole bezeichnet werden, Wellenzüge zu, die tatsächlich über den physikalischen Kanal übertragen werden.

Modulation ist notwendig, um Information über u.U. weite Entfernungen übertragen zu können. Die Übertragung findet auf einer Trägerfrequenz f_T statt, die so gewählt sein muss, dass es Antennen gibt, die auch wirklich gebaut werden können. Deren Apertur sollte nämlich in der Größenordnung der abgestrahlten Wellenlänge liegen, die bei einer Funkübertragung $\lambda_T = c/f_T$, mit der Lichtgeschwindigkeit $c = 3 \cdot 10^8$ m/s, ist.

7.1 Zeigerdarstellung

Jedes modulierte Signal lässt sich in der Form

$$s(t) = a \cos(2\pi f_T t + 2\pi f_I t + \Phi) \tag{7.1-1}$$

mit der **Amplitude a**, der **Informationsfrequenz f_I** und der **Phase Φ** schreiben. Diese drei Parameter können variiert werden, um Information auf den **Träger der Frequenz f_I** aufzubringen.

Gemäß (1.1-5) kann man auch

$$s(t) = \text{Re}\left\{u(t)e^{j2\pi f_T t}\right\} \tag{7.1-2}$$

mit der komplexen Einhüllenden

$$u(t) = ae^{j[2\pi f_I(t)t + \Phi]} \tag{7.1-3}$$

schreiben. Das modulierte Signal kann aufgrund von (7.1-2) in die Form eines
analytischen Signals

$$\underline{s}(t) = u(t)e^{j2\pi f_T t} \tag{7.1-4}$$

gebracht und der Träger kann, wie in Bild 7.1-1 skizziert, als Zeiger interpretiert werden, der sich im Realteil-Imaginärteil-Zeit-Raum längs der Zeitachse
bewegt und die Drehfrequenz f_T besitzt.

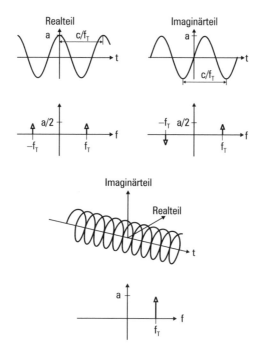

Bild 7.1-1: Darstellung eines Trägersignals

Amplitude, Drehfrequenz und Phase des Zeigers eines **Modulationssignals**
werden durch die momentan gültigen Werte von a, f_I und Φ bestimmt. Betrachtet man die Projektion des Zeigers auf die Realteil-Imaginärteil-Ebe-
ne, erhält man die **Zeigerdarstellung** des modulierten Signals, die im Fol-

genden zur Charakterisierung der Modulationsverfahren herangezogen wird
(Bild 7.1-2).

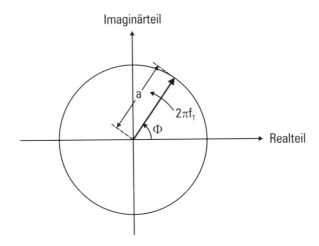

Bild 7.1-2: Zeigerdarstellung eines Trägersignals

7.2 Systematik der Modulationsverfahren

Wie in den folgenden Abschnitten deutlich wird, kann durch Variation der
Parameter a, f_I und Φ eine unüberschaubare Vielfalt verschiedener Modulationsverfahren erzeugt werden. Die WARC (World Administrative Radio
Conference)[1] hat 1979 eine Systematik der Modulationsverfahren eingeführt,
mit der jedes Verfahren durch drei Hauptmerkmale und zwei Zusatzmerkmale charakterisiert wird. Bild 7.2-1 gibt den für uns wichtigen Einblick in
diese Systematik.

Wird der Träger mit einem kontinuierlichen Informationssignal moduliert,
spricht man von einem **analogen Modulationsverfahren**. Ist das Informationssignal digital, ergeben sich **digitale Modulationsverfahren**. Wir
werden uns im Folgenden auf die Diskussion digitaler Modulationsverfahren
konzentrieren, da diese aufgrund der voranschreitenden Digitalisierung in

---

[1]1993 wurde die Konferenz in WRC (World Radiocommunication Conference) umbe-
nannt.

allen Bereichen der Nachrichtentechnik die analogen Modulationsverfahren,
dort wo sie noch Anwendung finden (Rundfunk, Fernsehen), ablösen werden.

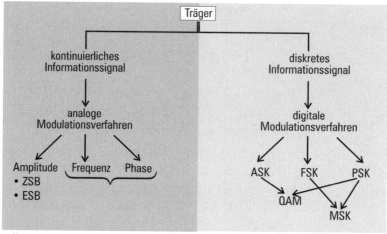

Bild 7.2-1: Modulationsverfahren

7.3   Funktion eines Modulators

Linear modulierte Signale können in der Form

$$Z(t) = \sum_{n=0}^{\infty} A(nT)g(t - nT) \tag{7.3-1}$$

als Pfade stochastischer Prozesse dargestellt werden. $\{A(nT)\}$ ist die Folge
von Symbolen, die übertragen werden soll, $g(t)$ ist ein reeller deterministi-
scher Impuls und $\frac{1}{T}$ ist die Symbolübertragungsrate. Die Einheit für die pro
Sekunde übertragene Anzahl von Symbolen ist **Baud** [Bd].[2]

Bild 7.3-1 zeigt das Vorgehen beim vierwertigen Modulationsverfahren
QPSK (Quadrature Phase Shift Keying). (Bei einem Quadraturverfahren
werden Inphasen- (cos) und Quadraturkomponente (sin) des Trägers mit
unterschiedlicher Information versehen.)

---

[2]Die Einheit Baud ehrt den Ingenieur und Erfinder Jean-Maurice-Émile Baudot (1845-
1903).

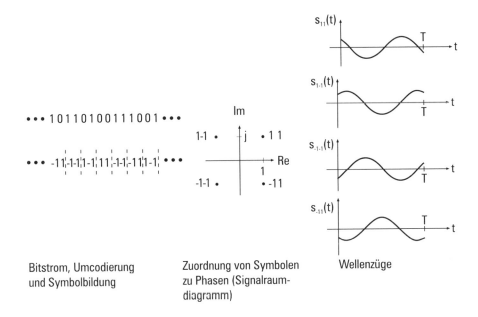

Bild 7.3-1: Symbolbildung und Zuordnung von Symbolen zu Wellenzügen
am Beispiel der QPSK-Modulation

Der zu übertragende Bitstrom wird zunächst in die Zahlen -1 (für 1) und
1 (für 0) umcodiert, die anschließend zu Symbolen, die dann jeweils 2 Bits
darstellen, zusammengefasst werden. In der komplexen Ebene werden die
Symbole wie in Tabelle 7.3-1 dargestellt. Die Anordnung der Symbole in der
komplexen Ebene entspricht einer Gray-Codierung.

Bits	Symbole		Phase	komplexe Zahl
0 0	1	1	$\pi/4$	$1+j$
0 1	1	-1	$3\pi/4$	$-1+j$
1 0	-1	1	$7\pi/4$	$1-j$
1 1	-1	-1	$5\pi/4$	$-1-j$

Tabelle 7.3-1: Zur QPSK-Modulation

Den Symbolen in der komplexen Ebene, die in Symbolmitte genau die Zeigerdarstellung des modulierten Signals (7.1-4) wiedergeben, werden später entsprechende Wellenzüge des Trägers mit der richtigen Phasenlage zugeordnet.

Die Zufallsvariable $A(nT)$ aus (7.3-1) kann also die in der vierten Spalte von Tabelle 7.3-1 angegebenen komplexen Zahlen annehmen.

Für den Impuls $g(t)$ setzt man in theoretischen Überlegungen häufig

$$g_R(t) = \begin{cases} 1 & \text{für } |t| \leq \frac{T}{2} \\ 0 & \text{sonst} \end{cases}. \tag{7.3-2}$$

Die Fouriertransformierte von $g_R(t)$ ist (siehe Anhang A)

$$G_R(f) = T\,\frac{\sin \pi fT}{\pi fT}, \tag{7.3-3}$$

was bedeutet, dass die praktische Anwendung von Impulsen der Form (7.3-2) zur Abstrahlung von Leistung in einen weiten Frequenzbereich und damit zu Nachbarkanalstörungen führt. Daher werden für $g(t)$ in (7.3-1) Impulsformer, die z.B. vom im Folgenden zu besprechenden „raised cosine" Typ sind, eingeführt. Der Raised-Cosine-Impuls (Cosinus-Roll-Off-Charakteristik) hat den Frequenzgang ([Kam04], S. 244)

$$G_{\cos}(f) = \begin{cases} 1 & \text{für } |fT| \leq \frac{1}{2}(1-r) \\ \cos\left[\frac{\pi}{4r}(2fT - (1-r))\right] & \text{für } \frac{1}{2}(1-r) \leq |fT| \\ & \qquad \leq \frac{1}{2}(1+r) \\ 0 & \text{sonst} \end{cases} \tag{7.3-4}$$

und die Impulsantwort

$$g_{\cos}(t) = \frac{4r\frac{t}{T}\left\{\cos\left[\pi(1+r)\frac{t}{T}\right] + \sin\left[\pi(1-r)\frac{t}{T}\right]\right\}}{\left[1 - \left(4r\frac{t}{T}\right)^2\right]\pi t}. \tag{7.3-5}$$

$0 \leq r \leq 1$ heißt Roll-Off-Faktor. Die Impulsformung erfolgt durch zwei Filter (mit Wurzel-Cosinus-Roll-Off-Charakteristik), von denen das erste am Senderausgang und das zweite am Empfängereingang arbeitet.

7.4   Binäre Tastung

Die einfachste Form der Modulation ergibt sich, wenn die zu übertragende Information in Form eines Bitstroms vorliegt und einer der Parameter a, f_I oder Φ aus (7.1-1) bzw. (7.1-3) nach Maßgabe des Bitstroms zwischen zwei Werten umgetastet wird. Zur Vereinfachung der Darstellung gehen wir in diesem Abschnitt davon aus, dass Rechteckimpulse (7.3-2) benutzt werden.

Binäre Amplitudentastung erhält man, wenn ein Signal einfach aus- („0") oder eingeschaltet („1") wird. Bild 7.4-1 zeigt ein Beispiel für ein so moduliertes Signal im Basisband und im Trägerfrequenzbereich. Das binäre Amplitudentastverfahren wird als ASK- (Amplitude Shift Keying) Modulation bezeichnet.

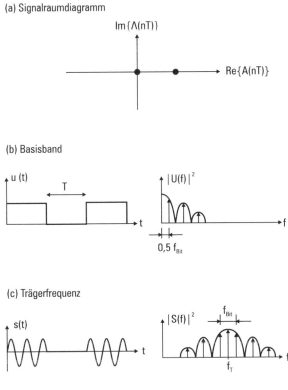

Bild 7.4-1: Amplitudentastung (ASK)

Zweiphasenumtastung ergibt sich, wenn in (7.1-3)

$$u(t) = ae^{j[2\pi f_I(t)t + \Phi]}$$

die Phase Φ im Bittakt T z.B. die Werte π („0") und 0 („1") annimmt. Bild 7.4-2 zeigt ein Beispielsignal im Basisband und im Trägerfrequenzbereich. Dieses Verfahren heißt 2PSK (Zweiphasenumtastung) oder BPSK (Binary Phase Shift Keying). Gegenüber ASK haben PSK-Verfahren den Nachteil, dass sie kohärent demoduliert werden müssen. Neben der Trägerrückgewinnung (exakte Bestimmung der Empfangsfrequenz) wird eine Taktrückgewinnung (exakte Bestimmung der Empfangsphase) notwendig.

(a) Signalraumdiagramm

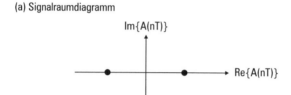

(b) Basisband

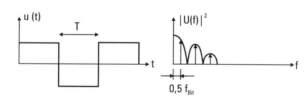

(c) Trägerfrequenz

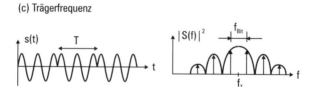

Bild 7.4-2: Zweiphasentastung (2PSK bzw. BPSK)

ASK und PSK sind lineare Modulationsverfahren, d.h. die zugehörigen Basisbandsignale sind in der Form (7.3-1) darstellbar. Darüber hinaus handelt es sich um gedächtnislose Verfahren, da die Übertragung eines Bits nicht von den vorhergehenden oder von den nachfolgenden beeinflusst wird. Anders sieht dies bei dem dritten binären Modulationsverfahren, der Zweifrequenzumtastung (2FSK, Frequency Shift Keying) aus. Hier steht das Informationssignal im Exponenten der Trägerfunktion

$$u(t) = \exp\left\{ j\left[2\pi\Delta f \int_0^t \sum_{n=0}^{\infty} A(nT)g_R(\xi - nT)\, d\xi + \Phi_0 \right] \right\}. \tag{7.4-1}$$

Dabei wurde angenommen, dass die Amplitude $a(t)$ konstant 1 ist und dass der Datenstrom zum Zeitpunkt $t = 0$ anfängt. $A(nT)$ kann die Werte -1 („0") und 1 („1") annehmen. Im Folgenden setzen wir stets o.E.d.A. $\Phi_0 = 0$.

(7.4-1) beschreibt ein zwischen den Frequenzen Δf und $-\Delta f$ umgetastetes Signal. Die Form der Gleichung (7.4-1) garantiert aufgrund des im Exponenten stehenden Integrals einen kontinuierlichen Phasenverlauf. Man spricht daher auch von CPFSK (Continuous Phase FSK). Harte Frequenzumtastungen besitzen wegen ihrer ungünstigen Spektraleigenschaften keine praktische Bedeutung.

Das Integral in (7.4-1) kann nun wie folgt umgeformt werden

$$\int_0^t \sum_{n=0}^{\infty} A(nT)g_R(\xi - nT)\, d\xi$$

$$= \sum_{n=0}^{\infty} A(nT) \int_0^t g_R(\xi - nT)\, d\xi \tag{7.4-2}$$

$$= \sum_{n=0}^{N-1} A(nT)\cdot T + A(NT)[t - NT]$$

für $NT \le t \le (N+1)T$.

Fasst man nun mit (7.4-2) den Term

$$2\pi\Delta f T \sum_{n=0}^{N-1} A(nT) = \Phi(NT)$$

als Anfangsphase des Signals im Bitintervall $[NT,(N+1)T]$ auf, ergibt sich für die komplexe Einhüllende:

$$u(t) = \exp\left\{ j\left[\Phi(NT) + 2\pi\Delta f T A(NT)\left[\frac{t}{T} - N\right]\right]\right\} \tag{7.4-3}$$

Das Signal $u(t)$ hängt im Intervall $[NT,(N+1)T]$ nicht allein von $A(NT)$ (also vom aktuellen Bit), sondern auch von allen vorher übertragenen Bits ab. Das Signal ist daher gedächtnisbehaftet.

$$\eta = 2\Delta f T \tag{7.4-4}$$

heißt **Modulationsindex**. Dieser bestimmt den Phasenhub während eines Bitintervalls:

$$|\Phi(nT) - \Phi((n-1)T)| = \pi\eta \tag{7.4-5}$$

Bild 7.4-3 zeigt die Phasenverläufe ($\Phi_0 = 0$).

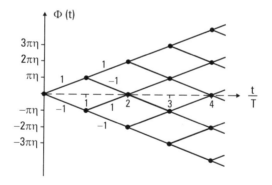

Bild 7.4-3: Phasenverläufe für binäre CPFSK

Für BFSK sind gemäß (7.4-1) mit $\Phi_0 = 0$ im Intervall $0 \leq t \leq T$ die beiden Basisbandsignale

$$u_0(t) = e^{-j2\pi\Delta f t}$$

$$u_1(t) = e^{j2\pi\Delta f t}$$

möglich. Zunächst gilt für die Energie dieser Signale

$$E_0 = \frac{1}{2} \int\limits_0^T |u_0(t)|^2 \, dt = \frac{1}{2} \int\limits_0^T |u_1(t)|^2 \, dt = E_1 = \frac{T}{2}$$

und ihr Kreuzkorrelationskoeffizient ist

$$\rho_{01} = \frac{1}{2\sqrt{E_0 E_1}} \int\limits_0^T u_0(t) u_1^*(t) \, dt$$

$$= \frac{1}{T} \int\limits_0^T e^{-j4\pi\Delta f t} \, dt = \frac{1}{T} \frac{1}{(-j4\pi\Delta f)} e^{-j4\pi\Delta f t} \Big|_0^T$$

$$- \frac{j}{4\pi\Delta f T} \left[e^{-j4\pi\Delta f T} - 1 \right].$$

Aus der Gleichung für den Realteil des Kreuzkorrelationskoeffizienten

$$\mathrm{Re}[\rho_{01}] = \frac{\sin(4\pi\Delta f T)}{4\pi\Delta f T} \tag{7.4-6}$$

kann man ablesen, dass die Signale $s_0(t)$ und $s_1(t)$ orthogonal sind, falls für den Modulationsindex (7.4-4)

$$\eta = 2\Delta f T = \frac{n}{2}, \quad n = 1,2,\dots$$

gilt. Zu diesen Signalen gehören die Frequenzhübe

$$\Delta f = \frac{n}{4T}, \quad n = 1,2,\dots. \tag{7.4-7}$$

Für die beiden Signale $s_0(t)$ und $s_1(t)$, die bei minimalem Frequenzhub orthogonal sind, folgt damit

$$\Delta f = \frac{1}{4T}, \quad \eta = \frac{1}{2}. \tag{7.4-8}$$

7.5 PSK Varianten

Die PSK Modulationsverfahren spielen im Mobilfunk eine große, vielleicht
sogar eine überragende Rolle. Daher wollen wir uns im Folgenden mit dieser
Signalklasse ausführlich beschäftigen.

Mit den Varianten BPSK und QPSK haben wir uns schon in den Abschnitten
7.3 (siehe auch Bild 7.3-1) bzw. 7.4 (siehe auch Bild 7.4-2) auseinanderge-
setzt.

Bei QPSK treten Phasensprünge um $+\frac{\pi}{2}$, $-\frac{\pi}{2}$ oder π auf. Bedenkt man,
dass das Signal vor der Übertragung bandbegrenzt wird, wird klar, dass es
zu Amplitudeneinbrüchen kommen muss. Deren Auswirkungen lassen sich
durch den Einsatz eines Offset-Verfahrens abschwächen. Dazu werden die
Symbole in (7.3-1) als komplexe Zahlen interpretiert (siehe auch Tabelle
7.3-1) und der Realteil $A_R(nT)$ sowie der Imaginärteil $A_I(nT)$ der Symbole
$A(nT)$ zeitlich gegeneinander um $T/2$ versetzt dem Impulsformer zugeführt.
Das Basisbandsignal bekommt so die Form

$$u(t) = \sum_{n=-\infty}^{\infty} A_R(nT)g(t - nT)$$

$$+ j \sum_{n=-\infty}^{\infty} A_I(nT)g\left(t - \frac{T}{2} - nT\right). \tag{7.5-1}$$

Das Offset QPSK- (OQPSK-) Signal hat keine Phasensprünge um π. Diese
werden während eines Symbolintervalls auf zwei Übergänge um $\pm\frac{\pi}{2}$ aufgeteilt. Die Auswirkung auf die Amplitude verdeutlicht Bild 7.5-1.

Bei der Übertragung von PSK Signalen stößt man auf das Problem, dass der
Demodulator die absolute Trägerphase kennen muss. In der Regel wird der
Träger jedoch nicht übertragen, sondern im Empfänger aus dem empfangenen Signal zurückgewonnen. Dieses Vorgehen führt zu Phasenmehrdeutigkei-
ten. In praktischen Anwendungen werden daher differenzielle PSK Verfahren
benutzt. Die Information steckt in der Differenz der absoluten Phasenwerte
zeitlich aufeinanderfolgender Symbole:

$$\Phi(nT) = \Phi((n-1)T) + \Delta\Phi_\mu(nT)$$

mit

$$\Delta\Phi_\mu(nT) = \frac{2\pi}{M} \cdot \mu + \lambda; \tag{7.5-2}$$

$$\mu = 0,1,2,\ldots,M-1; \quad \lambda \in \left\{0; \frac{\pi}{M}\right\}.$$

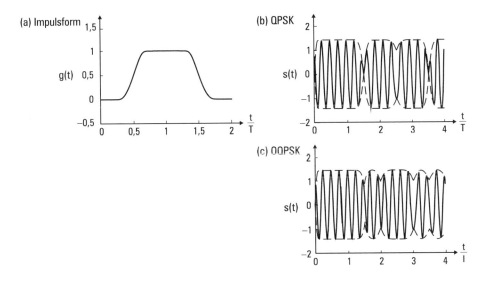

Bild 7.5-1: Einfluss der Phasenumtastung auf die Amplitude

Für $M = 4$, $\lambda = \frac{\pi}{4}$ und $\Phi(0) = 0$ ergibt sich ein $\pi/4$-DQPSK-Signal (Bild 7.5-2). Es ist dann

$$\Phi(nT) \in \left\{\frac{\pi}{4}, \frac{3\pi}{4}, \frac{5\pi}{4}, \frac{7\pi}{4}\right\} \text{ für } n \text{ ungerade,}$$

$$\Phi(nT) \in \left\{0, \frac{\pi}{2}, \pi, \frac{3\pi}{2}\right\} \text{ für } n \text{ gerade.}$$

$\pi/4$-DQPSK besitzt (ähnlich wie OQPSK) keine Phasenübergänge um π. Es ist das in den nordamerikanischen und japanischen (digitalen) Mobilfunkstandards der zweiten Generation verwendete Modulationsverfahren.

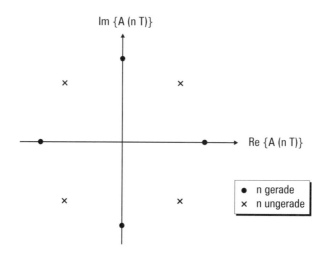

Bild 7.5-2: Signalraumdiagramm $\pi/4$-DQPSK

7.6   Minimum Shift Keying (MSK)

Wird bei der in Abschnitt 7.4 besprochenen binären FSK $\eta = \frac{1}{2}$ gewählt, ergibt sich das Modulationsverfahren, das orthogonale Signale mit minimalem Frequenzhub $\left(\Delta f = \frac{1}{4T}\right)$ benutzt. Dieses Modulationsverfahren wird als Minimum Shift Keying (MSK) bezeichnet.

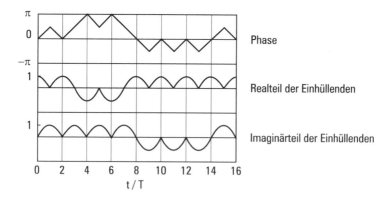

Bild 7.6-1: Zusammenhang MSK und OQPSK

Ein MSK-Signal lässt sich als OQPSK-Signal mit sinusförmiger Impulsformung darstellen: Die obere Kurve in Bild 7.6-1 zeigt den Phasenverlauf bei $\eta = \frac{1}{2}$, in jedem Symbolintervall steigt oder fällt die Phase um $\frac{\pi}{2}$. Die unteren Kurven zeigen Real- und Imaginärteil der komplexen Einhüllenden.

Beide Kurven sind aus Impulsen der Form

$$g_{\mathrm{MSK}}(t) = \begin{cases} \cos \frac{\pi t}{2T} & \text{für } -T \le t \le T \\ 0 & \text{sonst} \end{cases}$$

aufgebaut, die mit ± 1 bewertet werden. Die Kurven sind um ein Symbolintervall gegeneinander versetzt. Das Basisbandsignal (7.3-1) erhält damit die Form

$$u(t) = \sum_{n=-\infty}^{\infty} [A(2nT)g_{\mathrm{MSK}}(t - 2nT) + jA((2n+1)T)$$
$$\cdot g_{\mathrm{MSK}}(t - (2n+1)T)]. \tag{7.6-1}$$

Die Form von (7.6-1) entspricht einem OQPSK-Signal der Form (7.5-1).

Nach Abschnitt 7.4 gilt aufgrund der Phasenkontinuität für ein MSK-Signal

$$u((n+1)T)u^*(nT) = \exp\left\{ j\frac{\pi}{2}d(nT) \right\} = jd(nT), \tag{7.6-2}$$

wobei $d(nT) \in \{-1,1\}$ das im Intervall $[nT,(n+1)T]$ zu übertragende Bit ist.

Wählt man nun die Anfangsphase so, dass (vergleiche Bild 7.6-1 und Gleichung (7.6-1))

$$u(2nT) = A(2nT), \qquad\qquad A(2nT) \in \{-1,1\}$$
$$u((2n+1)T) = jA((2n+1)T), \qquad A((2n+1)T) \in \{-1,1\}$$

gilt, folgt mit (7.6 2)

$$jA((2n+1)T) \cdot A(2nT) = jd(2nT)$$
$$A(2nT) \cdot [jA((2n-1)T)]^* = jd((2n-1)T).$$

Da wegen $A(nT) \in \{-1,1\}$ gilt $A(nT) = 1/A(nT)$, folgt daraus die Codiervorschrift

$$A((2n+1)T) = A(2nT) \cdot d(2nT)$$
$$A(2nT) = -A((2n-1)T) \cdot d((2n-1)T).$$

Insgesamt kann damit der MSK-Modulator wie im Blockschaltbild 7.6-2 realisiert werden.

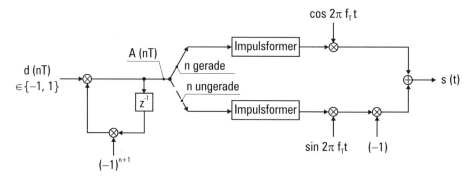

Bild 7.6-2: MSK-Modulator in OQPSK-Struktur (Impulsformer: Sinushalbwelle der Länge $2T$)

Bemerkung:

MSK ist ein lineares Modulationsverfahren, obwohl es sich um ein spezielles BFSK-Verfahren handelt. Das folgt daraus, dass es als OQPSK-Verfahren (7.5-1) interpretiert werden kann.

Gauß'sches Minimum Shift Keying (GMSK) wird erreicht, wenn ein durch einen Gaußtiefpass gefiltertes NRZ-Signal frequenzmoduliert wird. In praktischen Anwendungen wird die nichtkausale Impulsantwort des Gaußfilters (Gaußimpuls) durch einen Impuls endlicher Länge approximiert. GMSK ist ein nichtlineares (FM) Modulationsverfahren mit einer exakt konstanten Einhüllenden. Die Wirkung der Gaußfilterung besteht in einer Verschleifung der rechteckförmigen Umschaltvorgänge im NRZ-Signal (Bild 7.6-3).

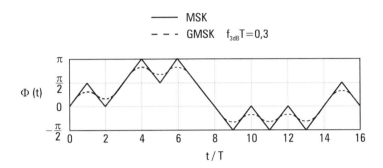

Bild 7.6-3: Phasenverlauf für MSK und GMSK

7.7 Mehrträgerübertragung

Mehrträgerübertragungssysteme setzen einen seriellen hochratigen Datenstrom in mehrere parallele niedrigratige Teildatenströme um. Jeder Teilstrom moduliert einen anderen Unterträger. Weil die Symbolrate auf jedem Unterträger wesentlich kleiner als die Symbolrate des ursprünglichen seriellen Datenstroms ist, werden Effekte wie Intersymbolinterferenz (ISI, siehe Abschnitt 14.1) deutlich abgeschwächt. Damit wird auch die Komplexität der einzusetzenden Kanalentzerrer geringer.

Orthogonal Frequency Division Multiplex (OFDM) ist eine Technik zur effizienten Modulation vieler Unterträger. Ein wichtiges Ziel bei der Entwicklung eines OFDM-basierten Mobilfunksystems ist, dass der Übertragungskanal über die Dauer eines OFDM-Symbols hinweg als zeitinvariant und das Fading auf jedem Unterträger als flach angesehen werden kann. Daher sollten die Dauer eines OFDM-Symbols kürzer als die Kohärenzzeit τ_K des Kanals und der Unterträgerabstand kleiner als die Kohärenzbandbreite B_K des Kanals gewählt werden.

Ein Mehrträgerübertragungssystem sendet N komplexwertige Symbole $s(n)$; $n = 0, 1, \ldots, N-1$; parallel auf N Unterträgern. Aus der Dauer T_d der Symbole berechnet sich nach der seriell/parallel Wandlung die **Nutzsymboldauer** zu

$$T_N = N T_d. \tag{7.7-1}$$

OFDM moduliert die N Teildatenströme auf N Unterträger, die einen gegenseitigen Abstand von

$$\Delta f = \frac{1}{T_N} \tag{7.7-2}$$

besitzen. Unter der Voraussetzung einer rechteckigen Pulsformung sind die Signale auf den N Unterträgern damit orthogonal. Die N parallel gesendeten Symbole $s(n)$; $n = 0,1,\ldots,N-1$; bilden so das **OFDM-Nutzsymbol**.

Die komplexe Einhüllende eines OFDM-Nutzsymbols hat bei rechteckiger Pulsformung die Gestalt

$$u(t) = \frac{1}{N} \sum_{n=0}^{N-1} s(n)e^{j2\pi f_n t}, \quad 0 \leq t < T_N, \tag{7.7-3}$$

und die N Unterträger liegen bei den Frequenzen

$$f_n = \frac{n}{T_N} = n\Delta f, \quad n = 0,1,\ldots,N-1. \tag{7.7-4}$$

Bild 7.7-1 zeigt das normierte Leistungsdichtespektrum eines OFDM-Signals mit 16 Unterträgern über der normierten Frequenz fT_d. Dabei wurde das Leistungsdichtespektrum auf die Mittenfrequenz verschoben. Alle Symbole s_n; $n = 0,1,\ldots,15$; werden mit derselben Leistung übertragen. Gestrichelt ist in das Bild das Leistungsdichtespektrum des Unterträgers $n = 0$ eingezeichnet.

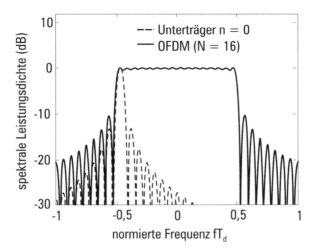

Bild 7.7-1: Spektren

Je größer N wird, desto mehr nähert sich das Leistungsdichtespektrum einem Rechteck über dem Intervall $0{,}5 \leq fT_d \leq 0{,}5$ an.

Ein wesentlicher Gesichtspunkt bei OFDM ist, dass die Mehrträgermodulation digital durch eine inverse diskrete Fouriertransformation (IDFT) oder ihre rechentechnisch effiziente Variante, die schnelle inverse Fouriertransformation (IFFT), realisiert werden kann. Die Abtastung des Signals $u(t)$ aus (7.7-3) mit der Rate $1/T_d$ führt auf

$$u(k) = \frac{1}{N} \sum_{n=0}^{N-1} s(n)e^{j2\pi nk/N}, \qquad k = 0,1,\ldots,N-1. \qquad (7.7\text{-}5)$$

Die Folge $\{u(k);\ k = 0,1,\ldots,N-1\}$ ist die IDFT der Quellensymbolfolge $\{s(n);\ n = 0,1,\ldots,N-1\}$. Damit ergibt sich für die OFDM-Übertragung das in Bild 7.7-2 gezeigte Blockdiagramm.

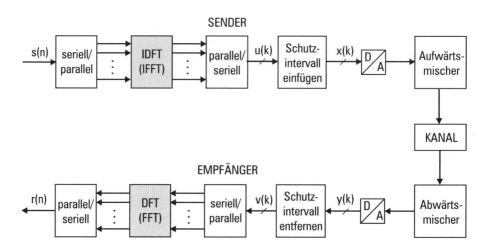

Bild 7.7-2: OFDM-Übertragung

Mit wachsender Unterträgerzahl N wird die Dauer des OFDM-Nutzsymbols T_N groß verglichen mit der Dauer der Kanalimpulsantwort τ_{max} und die ISI wird schwächer. Um die ISI-Effekte vollständig zu unterdrücken, d.h. um die Orthogonalität der Unterträgersignale zu erhalten und damit auch eine Inter Carrier Interferenz (ICI) zu vermeiden, muss zwischen aufeinanderfolgenden OFDM-Nutzsymbolen ein Schutzintervall der Dauer $T_G \geq \tau_{max}$ eingefügt werden. In dieses Schutzintervall hinein wird das OFDM-Signal zyklisch zum **OFDM-Sendesymbol** erweitert. Die **OFDM-Sendesymboldauer** berechnet sich aus

$$T_S = T_N + T_G, \tag{7.7-6}$$

wobei T_N die Nutzsymboldauer und T_G die **Dauer des Schutzintervalls** ist. Die Länge des Schutzintervalls im zeitdiskreten Bereich ist dann

$$L_G \geq \left\lceil \frac{\tau_{max} N}{T_N} \right\rceil, \tag{7.7-7}$$

wobei mit $\lceil x \rceil$ die kleinste ganze Zahl $i \geq x$ gemeint ist.

Die zeitdiskrete Sendefolge $\{u(k)\}$ schreibt sich nach der zyklischen Erweiterung

$$x(k) = \frac{1}{N} \sum_{n=0}^{N-1} s(n)e^{j2\pi nk/N}, \qquad (7.7\text{-}8)$$

$k = -L_G, -L_G + 1, \ldots, 0, 1, \ldots, N - 1.$

Diese Folge (7.7-8) wird dann D/A-gewandelt und nach Umsetzung auf die Sendefrequenz übertragen. Nach der Übertragung über den Kanal wird das Empfangssignal abwärts ins Basisband gemischt und mit der Rate $1/T_d$ A/D-gewandelt. Das führt auf das zeitdiskrete Empfangssignal $y(k)$; $k = -L_G, -L_G + 1, \ldots, 0, 1, \ldots, N - 1$. Aus dieser Folge wird das Schutzintervall entfernt, woraus die Folge

$$v(k) = y(k); \qquad k = 0, 1, \ldots, N - 1;$$

entsteht. Diese Folge wird nach einer seriell/parallel Wandlung einer DFT (bzw. FFT) zugeführt, an deren Ausgang sich

$$r(n) = \sum_{k=0}^{N-1} v(k)e^{-j2\pi nk/N}; \qquad n = 0, 1, \ldots, N - 1; \qquad (7.7\text{-}9)$$

ergibt. Nach einer parallel/seriell Wandlung erhält man so das Empfangssignal $r(n)$; $n = 0, 1, \ldots, N - 1$.

Da Dank des Schutzintervalls jeder Unterträger bzw. jeder Unterkanal separat betrachtet werden kann (Bild 7.7-3), ergibt sich das empfangene Datensymbol $r(n)$ unter der Voraussetzung, dass jeder Unterkanal ein langsamer Fadingkanal ist und die ISI unterdrückt wurde:

$$r(n) = h(n)s(n) + w(n); \qquad n = 0, 1, \ldots, N - 1 \qquad (7.7\text{-}10)$$

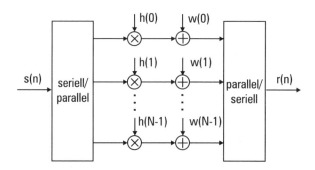

Bild 7.7-3: Vereinfachtes OFDM-Übertragungssystem, separate
Betrachtung der Unterträger, Gleichung (7.7-10)

In (7.7-10) ist $h(n)$ ein komplexer Kanalkoeffizient und $w(n)$ repräsentiert die
Rauschstörung auf dem n-ten Kanal. Der Kanalkoeffizient $h(n)$ ist der Abtastwert $h(n,i)$ der zeitvarianten Kanalübertragungsfunktion $h(f,t)$, bei dem
die Zeitabhängigkeit außer Acht gelassen wurde. Die Varianz der Rausch-
störung ist $\sigma^2 = E\{|w(n)|^2\}$.

Für OFDM-Systeme wird häufig die folgende Matrix/Vektor-Notation benutzt:

$$\vec{s} = (s(0),s(1),\ldots,s(N-1))^T$$

ist das OFDM-Nutzsymbol und

$$\overline{H} = \begin{bmatrix} h(0) & 0 & \cdots & 0 \\ 0 & h(1) & \cdots & 0 \\ \vdots & & \ddots & \vdots \\ 0 & \cdots & 0 & h(N-1) \end{bmatrix}$$

stellt die $N \times N$ Kanalmatrix dar. Mit dem Rauschvektor

$$\vec{w} = (w(0),w(1),\ldots,w(N-1))^T$$

erhält man als Ergebnis der DFT im Empfänger den Empfangsvektor

$$\vec{r} = (r(0),r(1),\ldots,r(N-1))^T,$$

der sich aus

$$\vec{r} = \overline{H}\vec{s} + \vec{w} \tag{7.7-11}$$

berechnet.

Tabelle 7.7-1 gibt die wichtigsten Parameter des Wireless Local Area Network (WLAN) Standards IEEE 802.11a, der OFDM benutzt, wieder.

Bandbreite	20 MHz
Anzahl aktiver Unterträger N	48 (realisiert durch eine 64 Punkte FFT) 4 Pilotträger, 2×8 nicht aktive Träger an den Rändern
Symboldauer $T_S = T_N + T_G$	4 μs
Trägerabstand Δf	312,5 kHz
Schutzintervall T_G	0,8 μs
Modulation	BPSK, QPSK, 16 QAM oder 64 QAM
Kanalcodierung	Faltungscode mit Coderaten 1/2 bis 3/4
Maximale Datenrate	54 Mbit/s
Maximale spektrale Effizienz	2,7 bit/s/Hz

Tabelle 7.7-1: Parameter des WLAN-Standards IEEE 802.11a

Kapitel 8

Grundzüge der Entscheidungstheorie

Bei jeder Nachrichtenübertragung steht der Empfänger vor der Aufgabe

a) zu entscheiden, ob überhaupt ein Signal empfangen wurde, oder

b) aus dem empfangenen Signal auf das gesendete Symbol zu schließen.

Aufgabe a) beschreibt die Signalentdeckung, die z.B. beim Empfang von Radarechos[1] eine wichtige Rolle spielt. Aufgabe b) kennzeichnet den in einem Demodulator ablaufenden Entscheidungsprozess, auf den im Kapitel 9 näher eingegangen wird.

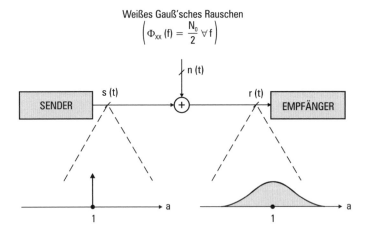

Bild 8-1: AWGN-Kanal

---

[1] Radar: Radio Detection and Ranging

Zur Vereinfachung nehmen wir für den Rest dieses Kapitels an, dass der Kanal nur weißes Gauß'sches Rauschen zum Signal addiert, es sich also um einen AWGN-Kanal handelt (Bild 8-1).

8.1 Signalentdeckung

Die Signalentdeckungsaufgabe lässt sich allgemein folgendermaßen formulieren: Aufgrund einer Beobachtung r muss der Empfänger entscheiden, ob im Kanal ein Signal vorliegt oder nicht. Statistisch kann dieses Problem durch die beiden Hypothesen

H_0 : „Im Kanal ist nur Rauschen vorhanden",

H_1 : „Im Kanal ist ein Signal vorhanden"

beschrieben werden. Praktisch wird nun aufgrund der Kenntnis von r eine Entscheidung für H_0 oder für H_1 getroffen. Dabei ergeben sich zwei Möglichkeiten für eine Fehlentscheidung, nämlich:

1. Es wird auf das Vorhandensein eines Signals geschlossen, obwohl nur Rauschen im Kanal ist (**Falschalarm**, Fehler 1. Art).

2. Es wird auf Rauschen erkannt, obwohl ein Signal vorhanden ist (**Nichtentdeckung**, Fehler 2. Art).

Im Folgenden bezeichnen E_1 das Ereignis, dass ein Signal entdeckt wurde, und E_0 das Ereignis, dass kein Signal entdeckt wurde. Dann ist

$$P_f = P(E_1|H_0) \tag{8.1-1}$$

die **Falschalarmwahrscheinlichkeit** und

$$P_d = P(E_1|H_1) \tag{8.1-2}$$

die **Entdeckungswahrscheinlichkeit**. Damit folgt für die **Nichtentdeckungswahrscheinlichkeit**

$$P(E_0|H_1) = 1 - P_d. \tag{8.1-3}$$

Die Zufallsgröße r möge die bedingte Dichte $f(r|H_0)$ besitzen, wenn H_0 richtig ist. Mit $f(r|H_1)$ wird die entsprechende Dichte bei Gültigkeit von H_1 bezeichnet.

$G_0 \subset \mathbb{R}$ sei der Bereich der reellen Zahlen, für dessen Elemente $r \in G_0$ eine Entscheidung für H_0 fällt. Entsprechend erfolgt für $r \in G_1 \subset \mathbb{R}$ die Entscheidung für H_1. Es gilt $G_0 \cap G_1 = \emptyset$ und $G_0 \cup G_1 = \mathbb{R}$. Damit können wir die Falschalarmwahrscheinlichkeit

$$P_f = \int\limits_{G_1} f(r|H_0)\,dr$$

und die Entdeckungswahrscheinlichkeit

$$P_d = \int\limits_{G_1} f(r|H_1)\,dr$$

schreiben.

P_f und P_d sind voneinander abhängig. Es ist also unmöglich, unabhängig voneinander P_f zu minimieren und P_d zu maximieren. Bei der Signalentdeckung wird in der Regel nach dem **Neyman-Pearson-Verfahren** vorgegangen:

Bei vorgegebenem $P_f = \alpha$ wird P_d maximiert. Die Aufgabe ist (vergleiche (8.1-3)) äquivalent zu der Aufgabe, $P(E_0|H_1)$ unter der Nebenbedingung $P_f = \alpha$ zu minimieren. Dazu setzt man nach der Lagrange'schen Multiplikatorenmethode folgende Gleichung an:

$$P(E_0|H_1) + \lambda_0 P(E_1|H_0)$$
$$= P(E_0|H_1) + \lambda_0 (1 - P(E_0|H_0))$$
$$= \int\limits_{G_0} f(r|H_1)\,dr + \lambda_0 \left(1 - \int\limits_{G_0} f(r|H_0)\,dr \right)$$
$$= \int\limits_{G_0} [f(r|H_1) - \lambda_0 f(r|H_0)]\,dr + \lambda_0 \rightarrow \min$$

Der letzte Ausdruck wird genau dann minimal, wenn die Menge G_0 so gewählt wird, dass sie genau alle r enthält, für die $\lambda_0\, f(r|H_0) > f(r|H_1)$

und damit

$$\frac{f(r|H_1)}{f(r|H_0)} = \Lambda(r) < \lambda_0 \qquad (8.1\text{-}4)$$

gilt. Da r eine Zufallsgröße repräsentiert, ist auch $\Lambda(r)$ eine Zufallsvariable. Aus deren Dichte $f_\Lambda(r)$ wird λ_0 bei vorgegebener Falschalarmwahrscheinlichkeit $P_f = \alpha$ gemäß

$$\int\limits_{G_1} f(r|H_0)\, dr = \int\limits_{\lambda_0}^{\infty} f_\Lambda(r)\, dr = \alpha \qquad (8.1\text{-}5)$$

berechnet.

Bemerkungen:

(i) Die Zufallsvariable $\Lambda(r)$ heißt **Likelihood-Verhältnis**. Sie nimmt nur nichtnegative Werte an.

(ii) Statt $\Lambda(r)$ wird häufig die Zufallsvariable $L(r) = \ln\Lambda(r)$, das **logarithmische Likelihood-Verhältnis** betrachtet. Da der Logarithmus eine über $[0,\infty)$ monoton wachsende Funktion ist, liegen die Extremwerte von $\Lambda(r)$ und $L(r)$ an derselben Stelle.

(iii) Die Dichte $f_\Lambda(r)$ wird nach dem z.B. in [JW02], Abschnitt 7.4, beschriebenen Verfahren berechnet.

Beispiel:

In einem Radarempfänger wird der Wert r des Empfangssignals (z.B. als Spannung) einer an einem Objekt (z.B. ein Schiff oder ein Flugzeug) reflektierten elektromagnetischen Welle (Echo) gemessen. Ist im gemessenen Signal kein Echo vorhanden, folgt r einer $\mathcal{N}(0,\sigma^2)$-Verteilung. Gibt es ein Echo, ist r $\mathcal{N}(a,\sigma^2)$-verteilt, worin $a > 0$ ist. Es gilt also

$$f(r|H_0) = \frac{1}{\sqrt{2\pi}\sigma}\exp\left\{-\frac{r^2}{2\sigma^2}\right\}, \qquad (8\ 1\text{-}6)$$

$$f(r|H_1) = \frac{1}{\sqrt{2\pi}\sigma}\exp\left\{-\frac{(r-a)^2}{2\sigma^2}\right\}, \quad a > 0. \qquad (8.1\text{-}7)$$

Daraus ergibt sich das Likelihood-Verhältnis

$$\Lambda(r) = \exp\left\{-\frac{a^2 - 2ar}{2\sigma^2}\right\} \tag{8.1-8}$$

bzw. das logarithmische Likelihood-Verhältnis

$$L(r) = \frac{a^2}{\sigma^2}\left(\frac{r}{a} - \frac{1}{2}\right). \tag{8.1-9}$$

Die zur Entscheidung darüber, ob im Empfangssignal ein Echo vorhanden ist, maßgebliche Regel ergibt sich somit unter Beachtung von (8.1-4) zu

$$r \underset{H_0}{\overset{H_1}{\gtrless}} \frac{\sigma^2}{a}\ln\lambda_0 + \frac{a}{2} := \eta \tag{8.1-10}$$

Hat der Radarempfänger die (als ideal angenommene) Bandbreite B, gilt mit der Rauschleistungsdichte $N_0/2$ (reelles Bandpasssignal) $\sigma^2 = N_0 B$ und das Signal-zu-Rausch-Verhältnis ist

$$\mathrm{SNR} = \frac{a^2}{\sigma^2}.$$

Wir setzen o.E.d.A. $a = 1$, wählen $\mathrm{SNR} = 5\,\mathrm{dB}$ ($\hat{=} 3{,}16$) und erhalten damit $\sigma^2 = 0{,}32$ ($\sigma = 0{,}57$).

Zur Bestimmung von λ_0 fordern wir, dass die Falschalarmwahrscheinlichkeit $P_f = 0{,}05$ ist. Da (8.1-6) und (8.1-7) Gaußdichten mit gleicher Varianz σ^2 sind, gilt

$$P_f = \int_{G_1} f(r|H_0)\,dr = \frac{1}{\sqrt{2\pi}\sigma}\int_\eta^\infty \exp\left\{-\frac{r^2}{2\sigma^2}\right\}\,dr$$

$$= \frac{1}{\sqrt{2\pi}}\int_{\eta/\sigma}^\infty \exp\left\{-\frac{x^2}{2}\right\}\,dx \overset{!}{=} 0{,}05. \tag{8.1-11}$$

Eine explizite Bestimmung von λ_0 ist daher für die hier vorliegende Aufgabe eigentlich gar nicht notwendig, es reicht hin, η zu kennen. Aus (8.1-11) ergibt sich mit Hilfe einer Tabelle der Normalverteilung (z.B. [JW02], Anhang D) $\eta/\sigma = 1,64$, woraus sich $\eta = 0,93$ und $\lambda_0 = \exp\{\eta - \frac{1}{2}\} = 0,43$ berechnen.

Bild 8.1-1 zeigt die Verhältnisse und macht deutlich, dass die Entdeckungswahrscheinlichkeit (mit (8.1-7))

$$P_d = \frac{1}{\sqrt{2\pi}\sigma} \int_\eta^\infty \exp\left\{-\frac{(r-1)^2}{2\sigma^2}\right\} dr$$

$$= \frac{1}{\sqrt{2\pi}} \int_{\frac{\eta-1}{\sigma}}^\infty \exp\left\{-\frac{x^2}{2}\right\} dx = 0,55 \quad \left(\frac{\eta-1}{\sigma} = -0,12\right)$$

verhältnismäßig gering ist.

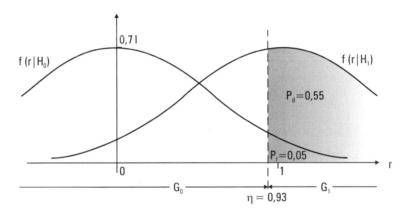

Bild 8.1-1: Signalentdeckung (1 Beobachtung)

Diesen Wert kann man verbessern, wenn statt einer z.B. zehn stochastisch unkorrelierte Beobachtungen[2] gemacht werden und deren Mittelwert $\bar{r} = \frac{1}{10}\sum_{n=1}^{10} r_n$ ausgewertet wird. Da r für beide Hypothesen einer Normalverteilung unterliegt, hat $\bar{r}$ eine $\mathcal{N}(\cdot\,;\overline{\sigma}^2)$-Verteilung mit $\overline{\sigma} = \sigma/\sqrt{10}$. Damit errechnet sich gemäß (8.1-11) für r ($\sigma = 0,180$) $\overline{\eta} = 0,30$ und daraus die Entdeckungswahrscheinlichkeit

---

[2]Während die zehn Beobachtungen erfolgen, darf sich natürlich der Signalzustand (H_0 bzw. H_1) nicht ändern.

$$P_d(\bar{r}) = \frac{1}{\sqrt{2\pi}} \int\limits_{-3,9}^{\infty} \exp\left\{-\frac{x^2}{2}\right\} dx = 0{,}99995$$

(siehe Bild 8.1-2).

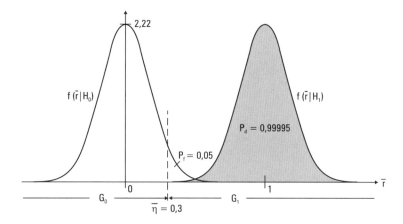

Bild 8.1-2: Signalentdeckung (10 Beobachtungen, Maßstabsänderung
gegenüber Bild 8.1-1 beachten!)

8.2 Entscheidungskriterien

Im Abschnitt 8.1 war das Thema die Signalentdeckung. Für Kommunikationssysteme ist darüber hinaus die **Entscheidung** des Empfängers bezüglich des vorliegenden Signals ein wichtiges Problem, das sich bei digitaler Modulation wie folgt darstellt: Die Information wird im Sender in Symbole einer endlichen Symbolmenge $\{x_1, x_2, \ldots, x_N\}$ codiert. Der Modulator ordnet jedem Symbol z.B. einen auf das Symbolintervall $[0, T]$ bezogenen Wellenzug zu:

$$x_n \rightarrow s_n(t), \quad n \in \{1, 2, \ldots, N\}$$

Der Wellenzug $s_n(t)$ wird über den Kanal übertragen und als Signal $r(t)$ empfangen. Im Empfänger ist nun zu entscheiden, welcher Wellenzug $s_m(t)$

gesendet wurde. Optimal ist natürlich eine Entscheidung aufgrund der **a posteriori Wahrscheinlichkeit** (Wahrscheinlichkeit **nach** der Beobachtung von $r(t)$), die heißt:

Es wird entschieden, dass $s_m(t)$ gesendet wurde, wenn

$$P(s_m(t)|r(t)) = \max_{1 \leq n \leq N} P\left(s_n(t)|r(t)\right) \tag{8.2-1}$$

gilt.

(8.2-1) heißt **Maximum a posteriori (MAP-) Kriterium**. Um zu einem handhabbaren Entscheidungskriterium zu kommen, geht man wie folgt vor:

Zunächst wird vorausgesetzt, dass für die a priori Wahrscheinlichkeiten (das sind die Wahrscheinlichkeiten **vor** der Sendung) gilt

$$P(x_n) = P(s_n(t)) > 0 \quad \forall\, n.$$

Diese Forderung ist insofern vernünftig, als nicht benutzte Symbole (Wahrscheinlichkeit = 0) nicht gebraucht werden. Mit den bedingten Dichten $f(r(t)|s_n(t))$; $n = 1,2,\ldots,N$; erhält man zunächst

$$f(r(t)) \cdot P(s_n(t)|r(t)) = P(s_n(t)) \cdot f(r(t)|s_n(t))$$

und daraus

$$P(s_n(t)|r(t)) = \frac{P(s_n(t))f(r(t)|s_n(t))}{f(r(t))}. \tag{8.2-2}$$

Setzt man nun voraus, dass $P(s_n(t)) = \frac{1}{N} \; \forall\, n = 1,2,\ldots,N$ gilt, kann man, da $f(r(t))$ nicht von n abhängt, statt $P(s_n(t)|r(t))$ auch $f(r(t)|s_n(t))$ maximieren. Das führt auf das **Maximum Likelihood (ML-) Kriterium**:

Es wird entschieden, dass $s_m(t)$ gesendet wurde, wenn

$$f(r(t)|s_m(t)) = \max_{1 \leq n \leq N} f(r(t)|s_n(t)) \qquad (8.2\text{-}3)$$

gilt.

Mit dem ML-Kriterium (8.2-3) steht eine praktikable Entscheidungs-vorschrift zur Verfügung. Sind die a priori Wahrscheinlichkeiten $P(s_n(t)) = P(x_n) = \frac{1}{N}$; $n = 1,2,\ldots,N$; gleich, sind MAP- und ML-Kriterium äquivalent. Die Gleichheit der Auftretenswahrscheinlichkeiten aller Sendesymbole ist durch den Einsatz eines Scramblers verhältnismäßig einfach herstellbar.

Bild 8.2-1 zeigt die prinzipielle Arbeitsweise des Bit-Scramblings.

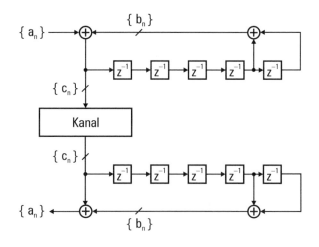

Bild 8.2-1: Beispiel für das (Bit-)Scrambling

Zu der zu übertragenden Bitfolge $\{a_n\}$ wird der Ausgang eines linear rück-
gekoppelten Schieberegisters addiert und das Ergebnis

$$\{c_n\} = \{a_n + b_n \quad \text{mod } 2\}$$

wird gesendet. Im Empfänger wird dann

$$\{a_n\} = \{c_n - b_n \quad \text{mod } 2\}$$

durch ein entsprechendes Schieberegister realisiert. (Beachte, dass in GF(2)
die Operationen + und − identisch sind.) Der Scramblingvorgang ist (wie
aus Bild 8.2-1) leicht zu erkennen ist, selbstsynchronisierend.

Der durch das Scrambling im Sender erzeugte Bitstrom hat, was hier nicht
bewiesen werden kann [Gol82], weißen Charakter, was bedeutet, dass am
Ausgang des Scramblers alle Symbole gleichwahrscheinlich vorkommen.

Kapitel 9

Demodulation

In Kapitel 7 haben wir uns einen Überblick über die wichtigsten digitalen Modulationsverfahren verschafft. Durch die Modulation werden den zu übertragenden Symbolen Wellenzüge zugeordnet, die in mehr oder weniger stark verfälschter Form am Empfänger ankommen. Mit den in Abschnitt 8.2 diskutierten Entscheidungskriterien, insbesondere mit dem ML-Kriterium (8.2-3), ist nun eine Demodulation, d.h. die Rückverwandlung des Wellenzugs in ein Symbol möglich.

9.1 Binäre Entscheidung bei AWGN

Der Sender nutzt die Wellenzüge

$$s_i(t) = \begin{cases} s_0(t), & 0 \leq t \leq T, & \text{für eine „0"} \\ s_1(t), & 0 \leq t \leq T, & \text{für eine „1"} \end{cases}.$$

Das Empfangssignal ist

$$r(t) = s_i(t) + n(t), \quad i = 0 \vee 1, \quad 0 \leq t \leq T. \tag{9.1-1}$$

Bild 9.1-1 zeigt den prinzipiellen Aufbau eines binären Entscheiders.

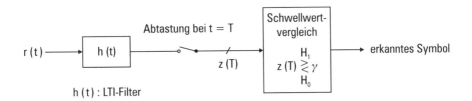

Bild 9.1-1: Binäre Entscheidung

$r(t)$ wird zunächst in eine einzige reelle Zahl $z(T)$ verwandelt. Dabei ist es unerheblich, ob $r(t)$ in komplexer Basisbandlage oder als Bandpasssignal vorliegt. Erreicht wird die Umwandlung durch den Einsatz eines linearen Filters mit nachfolgendem Abtaster. Optimal ist dabei der Einsatz von Matched Filtern oder Korrelatoren (Abschnitt 9.2). Vor dem Eintreffen eines neuen Symbols werden die Filtereingangswerte auf Null gesetzt, am Ende der Symboldauer T liefert der Abtaster die Testgröße $z(T)$. Aufgrund der AWGN-Störung und wegen der linearen Verarbeitung ist $z(T)$ eine normalverteilte Zufallsvariable mit

$$z(T) = a_i(T) + n(T), \quad i = 0 \vee 1. \tag{9.1-2}$$

Dabei nimmt $a_i(T)$ die Werte $a_0(T)$ oder $a_1(T)$ nach Maßgabe des übertragenen Symbols an und $n(T)$ ist eine Rauschgröße. Statt (9.1-2) schreiben wir zur Vereinfachung $z = a_i + n$. Mit der Rauschdichte

$$f(n) = \frac{1}{\sqrt{2\pi}\sigma} \exp\left\{-\frac{1}{2}\left(\frac{n}{\sigma}\right)^2\right\}$$

ergibt sich

$$f(z|s_i) = \frac{1}{\sqrt{2\pi}\sigma} \exp\left\{-\frac{1}{2}\left(\frac{z - a_i}{\sigma}\right)^2\right\}, \quad i = 0 \vee 1. \tag{9.1-3}$$

Der zweite Schritt des Entscheidungsprozesses besteht aus dem Vergleich von $z(T)$ mit einem Schwellwert γ. Der bezüglich des MAP-Kriteriums optimale Schwellwert γ_0 ergibt sich aus

$$\frac{f(z|s_0)}{f(z|s_1)} \mathop{\gtrless}_{H_1}^{H_0} \frac{P(s_1)}{P(s_0)} \tag{9.1-4}$$

mit den a priori Wahrscheinlichkeiten $P(s_0)$ und $P(s_1)$. Bei gleichen a priori Wahrscheinlichkeiten ergibt sich aus (9.1-4) mit (8.2-3) der Maximum Likelihood Test und für den optimalen Schwellwert liest man aus Bild 9.1-2 ab:

$$z(T) \overset{H_1}{\underset{H_0}{\gtrless}} \frac{a_0 + a_1}{2} = \gamma_0 \tag{9.1-5}$$

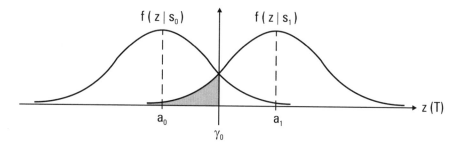

Bild 9.1-2: Binäre ML-Entscheidung

Eine Fehlentscheidung wird getroffen, wenn z.B. $s_1(t)$ gesendet wurde und $z(T) < \gamma_0$ wird. Die Wahrscheinlichkeit dafür errechnet man aus

$$P(H_0|s_1) = \int_{-\infty}^{\gamma_0} f(z|s_1)\, dz. \tag{9.1-6}$$

Diese Wahrscheinlichkeit ist in Bild 9.1-2 durch die grau unterlegte Fläche dargestellt. Aus Symmetriegründen ist die Wahrscheinlichkeit dafür, dass s_0 gesendet wurde und $z(T) > \gamma_0$ gilt

$$P(H_1|s_0) = \int_{\gamma_0}^{\infty} f(z|s_0)\, dz \tag{9.1-7}$$

genauso groß wie (9.1-6). Die Wahrscheinlichkeit für einen Bitfehler errechnet sich daraus zu

$$P_B = \frac{1}{2}P(H_0|s_1) + \frac{1}{2}P(H_1|s_0) = P(H_1|s_0) \qquad (9.1\text{-}8)$$

$$= \int\limits_{\gamma_0}^{\infty} f(z|s_0)\,dz = \frac{1}{\sqrt{2\pi}\sigma} \int\limits_{\frac{a_0+a_1}{2}}^{\infty} \exp\left\{-\frac{1}{2}\left(\frac{z-a_0}{\sigma}\right)^2\right\}\,dz$$

$$\text{Substitution}: \quad u = \frac{z-a_0}{\sigma}$$

$$P_B = \frac{1}{\sqrt{2\pi}} \int\limits_{\frac{a_1-a_0}{2\sigma}}^{\infty} \exp\left\{-\frac{u^2}{2}\right\}\,du = Q\left(\frac{a_1-a_0}{2\sigma}\right).$$

Der Faktor 1/2 vor den bedingten Wahrscheinlichkeiten in (9.1-8) ergibt sich aus der Berücksichtigung der a priori Wahrscheinlichkeit von s_1 und s_0.

9.2   Das Matched Filter

Bisher wurde von dem Filter mit der Impulsantwort $h(t)$ aus Bild 9.1-1 nur verlangt, dass es ein LTI-System ist. Der Ausgang des Abtasters ist nach (9.1-2)

$$z(T) = a_i(T) + n(T).$$

Zum Zeitpunkt $t = T$ gilt also für das Verhältnis zwischen momentaner Signalleistung und mittlerer Rauschleistung

$$\left(\frac{S}{N}\right)_T = \frac{a_i^2}{\sigma^2}, \qquad (9.2\text{-}1)$$

wobei darauf zu achten ist, dass a_i sowohl vom gesendeten Signal als auch vom Empfangsfilter $h(t)$ abhängt: Wenn der Kanaleinfluss einmal vernachlässigt wird $(r(t) = s(t))$, gilt

$$a(t) = s(t) * h(t) = \int\limits_{-\infty}^{\infty} H(f)S(f)e^{j2\pi ft}\,df. \qquad (9.2\text{-}2)$$

Die Aufgabe ist nun, das optimale Filter $h_0(t)$ bzw. $H_0(f)$ anzugeben, mit dem (9.2-1) maximiert wird.

Zunächst folgt mit der zweiseitigen spektralen Rauschleistungsdichte $N_0/2$ aus (1.4-4)

$$\sigma^2 = \frac{N_0}{2} \int_{-\infty}^{\infty} |H(f)|^2 \, df. \tag{9.2-3}$$

Mit (9.2-2) und (9.2-3) schreibt sich (9.2-1):

$$\left(\frac{S}{N}\right)_T = \frac{\left| \int_{-\infty}^{\infty} H(f)S(f)e^{j2\pi fT} \, df \right|^2}{\frac{N_0}{2} \int_{-\infty}^{\infty} |H(f)|^2 \, df} \tag{9.2-4}$$

Nach der Schwarz'schen Ungleichung lässt sich der Zähler abschätzen durch

$$\left| \int_{-\infty}^{\infty} H(f)S(f)e^{j2\pi fT} \, df \right|^2 \leq \int_{-\infty}^{\infty} |H(f)|^2 \, df \cdot \int_{-\infty}^{\infty} \left| S(f)e^{j2\pi fT} \right|^2 \, df, \tag{9.2-5}$$

wobei das Gleichheitszeichen genau dann gilt, wenn

$$H(f) = H_0(f) = kS^*(f)e^{-j2\pi fT} \tag{9.2-6}$$

ist. $H_0(f)$ maximiert also (9.2-1). Durch inverse Fouriertransformation ergibt sich, weil $s(t)$ reellwertig ist:

$$h_0(t) = \begin{cases} ks(T-t) & \text{für } 0 \leq t \leq T \\ 0 & \text{sonst} \end{cases} \tag{9.2-7}$$

Bemerkung:

Die Impulsantwort des **Matched Filters** ist das Spiegelbild des übertragenen Signals $s(t)$, verzögert um T.

Der Begriff Matched Filter wird oft synonym zum Begriff **Korrelator** gebraucht. Allgemein ist der Ausgang eines kausalen Filters beschrieben durch

$$z(t) = r(t) * h(t) = \int_0^t r(\tau)h(t-\tau) \, d\tau. \tag{9.2-8}$$

Setzt man hier nun für $h(t)$ das Matched Filter (9.2-7) ein, ergibt sich

$$z(t) = \int_0^t r(\tau)s[T - (t - \tau)]\,d\tau$$

$$= \int_0^t r(\tau)s(T - t + \tau)\,d\tau \tag{9.2-9}$$

und **für $t = T$** erhält man

$$z(T) = \int_0^T r(\tau)s(\tau)\,d\tau \tag{9.2-10}$$

die **Korrelation von $r(t)$ mit $s(t)$** an der Stelle $\tau = 0$.

Kann ein Sender nun M verschiedene Wellenzüge (entsprechend M verschiedenen Symbolen) $s_0(t), \ldots, s_{M-1}(t)$ senden, wird empfängerseitig das Signal $r(t)$ mit jedem der Prototypsignale korreliert. Das Signal $s_m(t)$, dessen Korrelation mit $r(t)$ am größten ist, führt auf das vom Demodulator auszugebende Symbol.

Bemerkung:

Die Ausgänge von Matched Filter und Korrelator stimmen nur für $t = T$ überein. Dieser Zusammenhang wird in ([Skl01], S. 124) an einem einfachen Beispiel verdeutlicht.

9.3   Bitfehlerwahrscheinlichkeit bei binärer Signalisierung

Gleichung (9.1-8) sagt aus, dass sich die Wahrscheinlichkeit für einen Bitfehler bei binärer Entscheidung, gleichen a priori Wahrscheinlichkeiten und optimaler Wahl der Entscheidungsschwelle γ_0 zu

$$P_B = Q\left(\frac{a_1 - a_0}{2\sigma}\right) \tag{9.3-1}$$

berechnet. Die Optimierung des Entscheidungsprozesses besteht nun nicht
allein in der Optimierung von γ_0. Zur Minimierung von P_B muss vielmehr
das Detektorfilter so gewählt werden, dass das Argument $Q(\cdot)$ in (9.3-1)
oder, was dem äquivalent ist,

$$\frac{(a_1 - a_0)^2}{\sigma^2} \qquad (9.3\text{-}2)$$

maximiert wird. In (9.3-2) ist $(a_1 - a_0)$ die Differenz der Signalkomponen-
ten am Filterausgang zum Zeitpunkt $t = T$. $(a_1 - a_0)^2$ ist die momentane
Energie des Differenzsignals.

Wir betrachten nun ein Matched Filter bezüglich des Differenzsignals $[s_1(t) -
s_0(t)]$. Mit (9.2-1) ergibt sich das Verhältnis aus momentaner (Differenz-)
Signalenergie und zweiseitiger Rauschleistungsdichte $\sigma^2 = N_0/2$ zu

$$\left(\frac{S}{N}\right)_T = \frac{(a_1 - a_0)^2}{\sigma^2} = \frac{2E_d}{N_0}, \qquad (9.3\text{-}3)$$

worin E_d die Energie des Differenzsignals am Filtereingang ist:

$$E_d = \int\limits_0^T [s_1(t) - s_0(t)]^2 \, dt \qquad (9.3\text{-}4)$$

Mit (9.3-3) und (9.3-1) folgt

$$P_B = Q\left(\sqrt{\frac{E_d}{2N_0}}\right). \qquad (9.3\text{-}5)$$

Bild 9.3-1 verdeutlicht die Entscheidung bei unipolarer Signalisierung.

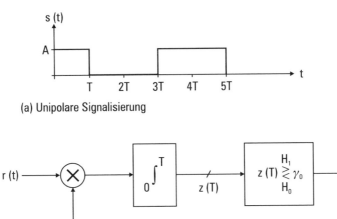

(a) Unipolare Signalisierung

(b) Korrelator ($0 \leq t \leq T$)

Bild 9.3-1: Entscheidung bei unipolarer Signalisierung

Die zugehörigen Signale in ihrer komplexen Basisbanddarstellung sind

$$s_1(t) = A \quad \text{für } 0 \leq t \leq T \quad (\text{binäre „1“}),$$
$$s_0(t) = 0 \quad \text{für } 0 \leq t \leq T \quad (\text{binäre „0“}).$$

$A > 0$ ist die Amplitude von $s_1(t)$ (siehe Bild 9.3-1(a)). Bild 9.3-1(b) verdeutlicht den Entscheidungsprozess für das mit additivem Rauschen belegte Empfangssignal $r(t)$: $r(t)$ wird mit $s_1(t) - s_0(t) = A$ korreliert. Dazu wird $r(t)$ mit A multipliziert und das Produkt über das Intervall $[0,T]$ integriert. Das Integrationsergebnis $z(T)$ wird mit der Schwelle γ_0 verglichen und aufgrund des Vergleichsergebnisses wird die Entscheidung getroffen.

Mit (9.2-10) ergibt sich die Signalkomponente $a_1(T)$ von $z(T)$ zu

$$a_1(T) = E\{z(T)\} = E\left\{ \int_0^T [A^2 + An(t)]\, dt \right\} = A^2 T,$$

wobei $E\{\cdot\}$ den Erwartungswert kennzeichnet. Entsprechend ergibt sich

$a_0(T) = 0$ und die optimale Schwelle ist nach (9.1-5)

$$\gamma_0 = \frac{a_1 + a_0}{2} = \frac{1}{2}A^2T.$$

Die Energie des Differenzsignals ist hier (vergleiche (9.3-4)) $E_d = A^2T$, woraus für die Bitfehlerwahrscheinlichkeit bei unipolarer Signalisierung folgt

$$P_B = Q\left(\sqrt{\frac{E_d}{2N_0}}\right) = Q\left(\sqrt{\frac{A^2T}{2N_0}}\right) = Q\left(\sqrt{\frac{E_b}{N_0}}\right) \qquad (9.3\text{-}6)$$

bei einer mittleren Energie pro bit von $E_b = \frac{1}{2}A^2T$.

Bild 9.3-2 zeigt die Entscheidung bei bipolarer Signalisierung mit

$$s_1(t) = A \qquad \text{für } 0 \leq t \leq T \quad (\text{binäre „1"}),$$
$$s_0(t) = -A \qquad \text{für } 0 \leq t \leq T \quad (\text{binäre „0"}).$$

(a) Bipolare Signalisierung

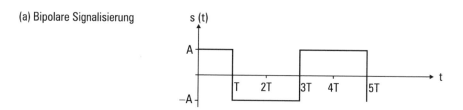

(b) Korrelator ($0 \leq t \leq T$)

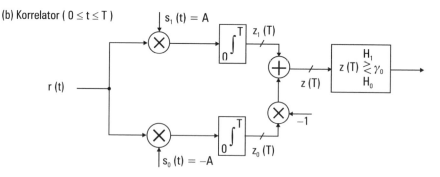

Bild 9.3-2: Entscheidung bei bipolarer Signalisierung

Bemerkung:

Für die Entscheidung bei bipolarer Signalisierung reicht es aus, den oberen Zweig aus Bild 9.3-2 zu realisieren.

Da $s_1(t) = -s_0(t)$ gilt, spricht man (speziell) von antipodalen Signalen. Der Korrelator (Bild 9.3-2(b)) hat für jedes Prototypsignal einen Zweig. Die Entscheidungsgröße $z(T) = z_1(T) - z_0(T)$ ist die Differenz der Korrelatorausgänge. Für den hier diskutierten Spezialfall antipodaler Signale gilt $a_1 = -a_0$, woraus $\gamma_0 = 0$ folgt.

Die Energie des Differenzsignals ist hier (vergleiche (9.3-4)) $E_d = (2A)^2T$, woraus sich die Bitfehlerwahrscheinlichkeit bei antipodaler Signalisierung

$$P_B = Q\left(\sqrt{\frac{E_d}{2N_0}}\right) = Q\left(\sqrt{\frac{2A^2T}{N_0}}\right) = Q\left(\sqrt{\frac{2E_b}{N_0}}\right) \tag{9.3-7}$$

bei einer mittleren Energie pro bit von $E_b = A^2T$ ergibt.

Bild 9.3-3 zeigt die Kurven für die (mittleren) Bitfehlerwahrscheinlichkeiten bei binärer Signalisierung und Matched Filter Empfang sowohl für unipolare als auch für bipolare, antipodale Signale.

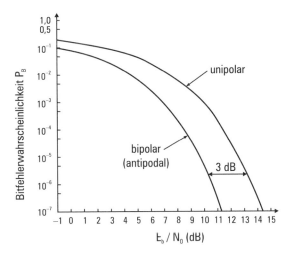

Bild 9.3-3: Bitfehlerwahrscheinlichkeiten bei binärer Signalisierung und Matched Filter Empfang

9.4 MPSK bei kohärentem Empfang

Bei MPSK erfolgt die Übertragung (vergleiche Abschnitt 7.5) mit Hilfe der
Signale

$$s_m(t) = \sqrt{\frac{2E}{T}} \cos\left(2\pi f_T t + \frac{\pi}{M} + \frac{2\pi m}{M}\right);$$

$$m = 0,1,\ldots,M-1;$$

(9.4-1)

wobei im Intervall $0 \le t \le T$ jeweils Symbole zu $\log_2 M$ Bits gesendet
werden. E ist die von jedem Signal im Intervall $[0,T]$ getragene Sendeenergie
und T ist die Symboldauer.

Bild 9.4-1 zeigt die Signalraumdarstellung für QPSK, die Entscheidungsgebiete entsprechen den vier Quadranten.

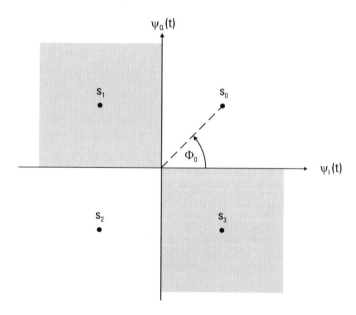

Bild 9.4-1: Signalraumdiagramm und Entscheidungsgebiete für QPSK

Es ist anschaulich klar, dass die Entscheidung für das Prototypsignal getroffen wird, in dessen Winkelbereich (bei QPSK ein Quadrant) das empfange-

ne Signal fällt. Daraus ergibt sich die MPSK-Demodulatorstruktur von Bild 9.4-2.

Das Empfangssignal $r(t)$ wird auf Inphasen- und Quadraturkomponente des Trägersignals

$$\Psi_I(t) = \sqrt{\frac{2}{T}} \cos 2\pi f_T t$$

$$\Psi_Q(t) = \sqrt{\frac{2}{T}} \sin 2\pi f_T t$$

(9.4-2)

projiziert. Die Projektionen geben Realteil x und Imaginärteil y des Empfangssignals w **an der Symbolmitte** wieder. Bei gleichen a priori Wahrscheinlichkeiten aller Sendesymbole s_m; $m = 0,1,\ldots,M-1$; und einer Entscheidung nach dem Maximum Likelihood Prinzip ist das empfangene Symbol $\hat{s}$ das Sendesymbol, das in der komplexen Ebene $\mathbb{C}$ den kleinsten Abstand zu w besitzt. Es ist zu beachten, dass der Empfänger für diese Art der Demodulation die Lage der Trägerphase im Empfangssignal $r(t)$ exakt kennen muss. Man spricht daher von kohärenter Demodulation.

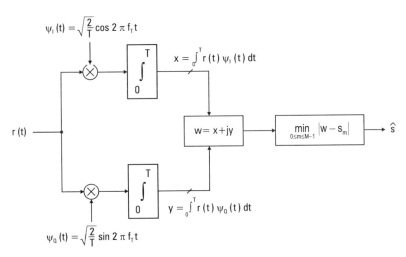

Bild 9.4-2: Kohärenter MPSK-Demodulator

Der in Bild 9.4-2 skizzierte Empfänger ist auch zur Demodulation von Quadratur-Amplituden-Modulationsverfahren (QAM) einsetzbar.

9.5 Inkohärenter Empfang: Differenzielle PSK

Man spricht von inkohärentem (oder auch nicht kohärentem) Empfang, wenn für den Demodulationsvorgang zwar die Frequenz des Trägers f_T, aber nicht seine Phase Φ bekannt ist.

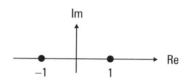

(a) BPSK-Signalraumdiagramm

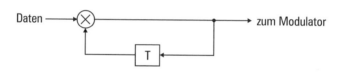

(b) Differenzielle Vorcodierung (im Sender)

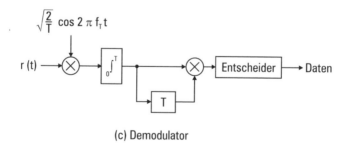

(c) Demodulator

Bild 9.5-1: Inkohärenter Empfang am Beispiel von BPSK

Bild 9.5-1 beschreibt den inkohärenten Empfang am Beispiel eines BPSK-Signals: Bild 9.5-1(a) zeigt das Signalraumdiagramm, woraus deutlich wird, dass eine „0" der Datenquelle auf „−1" und eine „1" auf „1" abgebildet wird. Inkohärente Demodulation im Empfänger setzt voraus, dass das Signal im Sender differenziell vorcodiert wird (Bild 9.5-1(b)). Die Arbeitsweise des Empfängers erklärt Bild 9.5-1(c): Dem Empfangssignal $r(t)$ wird eine Schwingung der Frequenz f_T (mit beliebiger, aber fester Phase, hier o.E.d.A. $\Phi = 0$) überlagert. Das Ergebnis wird über das Signalisierungsintervall hinweg integriert und mit dem Integrationsergebnis aus dem vorigen Signalisierungsintervall verglichen. Als Referenzphase dient so die Phase im vorhergehenden Signalisierungsintervall. Es wird also davon ausgegangen, dass übertragungsbedingt keine abrupten Phasenänderungen vorkommen. Über den Entscheider werden die Daten zurückgewonnen. Beim inkohärenten Empfang kommt es natürlich zu einer gegenüber der beim kohärenten Empfang vorhandenen Bitfehlerrate erhöhten Fehlerwahrscheinlichkeit.

Kapitel 10

Realisierungsgrenzen beim Systementwurf

Nicht nur in Politik und Wirtschaft, sondern auch in der Technik bestimmen **Kompromisse** das praktische Handeln. So verfolgt der Entwickler eines Nachrichtenübertragungssystems u.a. folgende Ziele:

1. Maximierung der übertragenen Bitrate R

2. Minimierung der Bitfehlerrate BER (Bit Error Rate)

3. Minimierung der Sendeleistung (d.h. Minimierung des Verhältnisses von Bitenergie zur spektralen Rauschleistungsdichte E_b/N_0)

4. Minimierung der Systembandbreite

5. Maximierung der Systemverfügbarkeit

6. Minimierung der Systemkomplexität, Rechenleistung und Kosten

Der Entwickler versucht natürlich, allen genannten Anforderungen gerecht zu werden, sieht sich aber auch (vergleiche z.B. die Punkte 2 und 3) Widersprüchen gegenüber. Innerhalb gewisser Grenzen kann der Entwickler Systemeigenschaften gegeneinander austauschen. Diese Grenzen sind teils administrativer und teils theoretischer Art, z.B.

- die minimal notwendige Übertragungsbandbreite (Nyquist),
- der Kapazitätssatz von Shannon und Hartley sowie die Shannon-Grenze,

- gesetzliche Vorschriften und Lizenzierungen,

- technologische Grenzen (verfügbare Komponenten).

Wir wollen uns im Folgenden mit einigen prinzipiellen Realisierungsgrenzen beim Entwurf von Übertragungssystemen beschäftigen.

10.1 Die BER/SNR$_{bit}$-Ebene

Bild 10.1-1 zeigt Kurvenscharen, die spezielle Modulationsverfahren im Verhalten ihrer Bitfehlerraten (BER) gegenüber dem durch E_b/N_0 gegebenen SNR$_{bit}$ charakterisieren. In Bild 10.1-1(a) werden die Ergebnisse für orthogonale Signalisierung, in Bild 10.1-1(b) die Ergebnisse für MPSK dargestellt.

Zur Darstellung eines aus k Bits bestehenden Symbols nutzt der Modulator einen der möglichen $M = 2^k$ Wellenzüge, M ist der Symbolumfang.

Bei orthogonaler Signalisierung (z.B. FSK) bedeutet eine Vergrößerung des Symbolumfangs eine Verbesserung der BER bzw. eine Reduzierung des notwendigen E_b/N_0 auf Kosten einer erhöhten Bandbreite.

Für nichtorthogonale Signalisierung (z.B. PSK, Bild 10.1-1(b)) kann die Erweiterung des Symbolumfangs den Bandbreitenbedarf reduzieren, allerdings auf Kosten einer Vergrößerung der BER bzw. einer Verschlechterung des E_b/N_0.

Die Kurven in Bild 10.1-1 werden **Bitfehlerratenkurven** genannt und die Ebenen, in die sie eingezeichnet sind, heißen BER/SNR$_{bit}$-Ebenen. Für eine feste Übertragungsrate kann bei MPSK-Modulation (Bild 10.1-1(b)) zu jeder Bitfehlerratenkurve eine minimal notwendige Bandbreite angegeben werden. Diese Bitfehlerratenkurven können dann auch als Kurven gleichen Bandbreitenbedarfs interpretiert werden.

Sind Modulation, Codierung und das notwendige E_b/N_0 festgelegt, ist das System durch seinen Arbeitspunkt in der BER/SNR$_{bit}$-Ebene charakterisiert. Andere Systemparameter führen zu anderen Arbeitspunkten, sodass die Leistungsfähigkeiten von Modulation und Codierung sowie das notwendige E_b/N_0 gegeneinander ausgetauscht werden können.

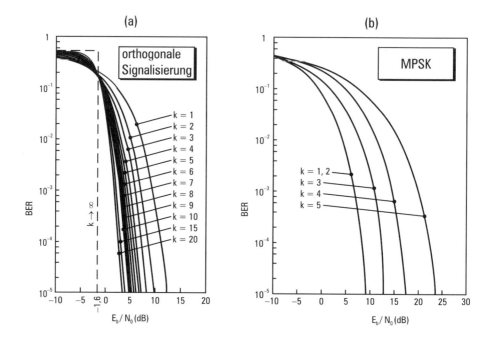

Bild 10.1-1: BER/SNR$_{\text{bit}}$-Ebene

10.2   Die Nyquist-Bandbreite

Da die Filter in realisierbaren Systemen nicht ideal sind, kommt es zu Inter-symbol-Interferenzen (ISI), d.h. zu einem Übersprechen in angrenzende Sym-bolintervalle, das die Detektion beeinflusst.

Nyquist hat 1928 nachgewiesen, dass theoretisch R Symbole pro Sekunde über einen **mindestens** $R/2$ Hz breiten Kanal ohne ISI übertragen werden können. Die **Nyquist-Bandbreite $R/2$ Hz** ist eine untere Schranke. In praktischen Anwendungen geht man davon aus, dass für die Übertragung von R Symbolen pro Sekunde typischerweise eine Bandbreite von R Hz gebraucht wird. Als Faustregel kann also gelten, dass bei digitaler Kommunikation **typisch 1 Symbol/s/Hz** ISI-frei übertragen werden kann.

Modulatoren und Encoder arbeiten in der Regel mit $M = 2^k$ Symbolen, d.h. jedes Symbol trägt k bit Information. Für Modulationsverfahren, bei denen die Bandbreite unabhängig von der Anzahl der Symbole ist (z.B. MPSK), steigt mit wachsendem k die übertragbare Bitrate R und damit die Bandbreiteneffizienz R/W, allerdings um den Preis eines höheren notwendigen $\mathrm{SNR_{bit}}$ (vergleiche Abschnitt 10.4).

10.3   Die Shannon-Grenze

Aufbauend auf der Grundlage der in Kapitel 2 diskutierten Informationstheorie (insbesondere Gleichung (2.4-3)) konnte Shannon zeigen, dass die Kapazität C eines durch additives weißes Rauschen gestörten Kanals eine Funktion

- der Empfangssignalleistung S,

- der mittleren Rauschleistung N und

- der Systembandbreite W

ist. Der Zusammenhang ist

$$C = W \log_2 \left(1 + \frac{S}{N} \right) \tag{10.3-1}$$

und als Einheit von C erhält man bit/s.

Shannon zeigte weiter, dass über diesen Kanal mit jeder Bitrate $R \leq C$ bei Benutzung eines „geeigneten" Codierverfahrens theoretisch mit beliebig kleiner Bitfehlerrate übertragen werden kann. Für $R > C$ ist es unmöglich, ein Codierverfahren zu finden, mit dem eine beliebig kleine Fehlerrate erreicht werden kann. Die Arbeit von Shannon sagt also aus, dass S, N und W die Bitübertragungsrate R, nicht jedoch die BER beschränken.

Bild 10.3-1 zeigt die Kurve der auf die Bandbreite normierten Kanalkapazität C/W (bit/s/Hz) in Abhängigkeit vom SNR $= S/N$.

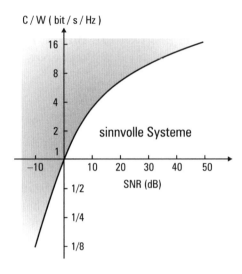

Bild 10.3-1: Auf die Bandbreite normierte **Kanalkapazität**

Bild 10.3-2 gibt in entsprechender Form die auf die Kanalkapazität normierte Bandbreite W/C (Hz/bit/s) über dem SNR wieder.

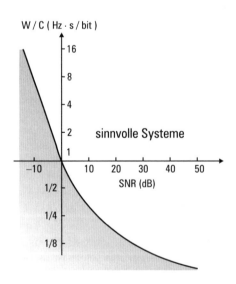

Bild 10.3-2: Auf die Kanalkapazität normierte **Bandbreite**

Mit der Rauschleistungsdichte N_0 und der daraus resultierenden Rauschleistung $N = N_0 W$ ergibt sich aus (10.3-1)

$$\frac{C}{W} = \log_2\left(1 + \frac{S}{N_0 W}\right). \tag{10.3-2}$$

Wenn die Bitübertragungsrate R gleich der Kanalkapazität C ist, folgt mit der pro Bit empfangenen Energie E_b (siehe auch Anhang B)

$$\frac{S}{N_0 C} = \frac{S}{N_0 R} = \frac{E_b}{N_0} \;\Rightarrow\; S = E_b C \tag{10.3-3}$$

und aus (10.3-2)

$$\frac{C}{W} = \log_2\left[1 + \frac{E_b}{N_0}\left(\frac{C}{W}\right)\right] \tag{10.3-4}$$

$$\Leftrightarrow 2^{C/W} = 1 + \frac{E_b}{N_0}\left(\frac{C}{W}\right)$$

$$\Leftrightarrow \frac{W}{C} = \frac{E_b}{N_0}\frac{1}{(2^{C/W} - 1)}. \tag{10.3-5}$$

Die Kurve $\frac{W}{C}$ gemäß (10.3-5) ist in Bild 10.3-3 dargestellt.

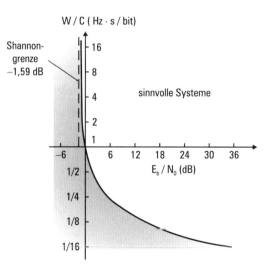

Bild 10.3-3: Die Shannongrenze

Dabei wird deutlich, dass auch für $W/C \to \infty$ eine Grenze des E_b/N_0 existiert, unterhalb der eine fehlerfreie Übertragung bei **keiner** Übertragungsrate möglich ist. Um dies zu zeigen, setzen wir in (10.3-4)

$$\frac{E_b}{N_0}\left(\frac{C}{W}\right) := x$$

und erhalten mit $\lim_{x \to 0}(1+x)^{1/x} = e$:

$$\frac{C}{W} = x\log_2(1+x)^{1/x}$$

$$\Leftrightarrow 1 = \frac{E_b}{N_0}\log_2(1+x)^{1/x}$$

$$\Leftrightarrow \frac{E_b}{N_0} = \frac{1}{\log_2(1+x)^{1/x}}$$

Hieraus ergibt sich im Grenzübergang $W/C \to \infty$ $(\Leftrightarrow C/W \to 0)$ die **Shannon Grenze**

$$\frac{E_b}{N_0} = \frac{1}{\log_2 e} = 0{,}693 \quad (\hat{=} -1{,}59\,\text{dB}). \tag{10.3-6}$$

10.4   Bandbreiteneffizienz

Die Gleichung (10.3-5) lautet, wenn nach $\frac{E_b}{N_0}$ aufgelöst wird,

$$\frac{E_b}{N_0} = \frac{W}{C}\left(2^{C/W} - 1\right). \tag{10.4-1}$$

C/W gemäß Gleichung (10.4-1) ist als durchgezogene Linie in Bild 10.4-1 über E_b/N_0 aufgetragen ($R = C$). Sie stellt die durch die Shannon-Theorie vorgegebene Grenze dar, die von der durch

$$\Gamma = \frac{R}{W} \tag{10.4-2}$$

definierten **Bandbreiteneffizienz** eines Modulationsverfahrens nicht überschritten werden kann.

In Bild 10.4-1 sind die Arbeitspunkte für MPSK bei einer Bitfehlerrate (ohne Kanalcodierung) von 10^{-5} eingetragen. Dabei wurde ein Impulsformer angenommen, dessen Übertragungsfunktion der eines idealen Bandpasses (Rechteckfunktion im Frequenzbereich) entspricht, sodass die minimale zweiseitige Bandbreite auf einer beliebigen Trägerfrequenz $W_{TF} = \frac{1}{T}$ mit der Symboldauer T ist. Ist M die Anzahl genutzter Symbole, ergibt sich die Bandbreiteneffizienz zu $R/W = \log_2 M$. Für reale Kanäle und Impulsformer liegt die Effizienz niedriger, da die Implementierung realisierbarer Filter eine Vergrößerung der Bandbreite nach sich zieht.

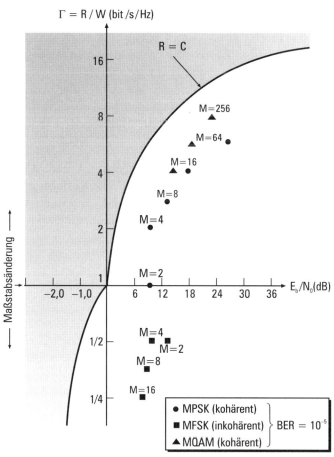

Bild 10.4-1: Bandbreiteneffizienz der MPSK-, MFSK- und MQAM-Verfahren

Für MPSK-Modulation wächst die Effizienz R/W mit M. BPSK ($M = 2$) benötigt bei gleicher Bitfehlerrate dasselbe E_b/N_0 wie QPSK ($M = 4$). Das heißt, dass für dasselbe E_b/N_0 QPSK die spektrale Effizienz $2\,\mathrm{bit/s/Hz}$ besitzt, während BPSK die Effizienz $1\,\mathrm{bit/s/Hz}$ hat. Das ist damit zu erklären, dass ein QPSK-Signal als Zusammenfassung zweier BPSK-Signale, die auf orthogonalen Trägern übertragen werden, interpretiert werden kann.

Im unteren Teil von Bild 10.4-1 sind die Bandbreiteneffizienzen von MFSK-Signalen zu finden. Als BER wurde auch hier 10^{-5} angenommen, als Trägerfrequenzbandbreite wurde $W_{TF} = M/T$ eingesetzt. Damit ergibt sich in diesen Fällen für die Bandbreiteneffizienzen $R/W = k/M$, worin $k = \log_2 M$ ist. Für MFSK-Verfahren sinkt die Effizienz mit wachsendem M. Darüber hinaus ist abzulesen, dass BFSK ($M = 2$) und vierwertige FSK dieselbe Bandbreiteneffizienz besitzen, allerdings sind die zum Erreichen der BER 10^{-5} notwendigen E_b/N_0-Werte verschieden. Unter der Annahme, dass ein gleiches Frequenzinkrement beim Hinzufügen jeder Spektrallinie eines FSK-Verfahrens notwendig wird, folgt, dass die Bandbreiteneffizienz für $M = 2$ (und 4) $0{,}5\,\mathrm{bit/s/Hz}$ ist.

Weiterhin sind die Arbeitspunkte für kohärente Quadratur-Amplituden-Modulationsverfahren (MQAM) angegeben. Diese Verfahren sind besonders effizient, die erzeugten Modulationssignale besitzen jedoch keine konstante Einhüllende.

Kapitel 11

Multiple Input Multiple Output

Um die knappe Ressource Frequenz optimal nutzen zu können, werden in Funkgeräten vermehrt passende Verfahren der digitalen Signalverarbeitung eingesetzt. Eine der erfolgversprechendsten Methoden ist **Multiple Input Multiple Output (MIMO)**. Dabei wird der Übertragungskanal als System mit M Eingängen (Sendeantennen) und N Ausgängen (Empfangsantennen) angesehen. Durch die Antennengruppen am Sender und am Empfänger wird bei MIMO **keine** Richtwirkung erzeugt. Die hinter MIMO stehende Idee ist, unabhängige Symbole zur selben Zeit von M räumlich getrennten Antennen aus zu senden und dadurch die Brutto-Datenrate zu erhöhen. Die Antennensysteme werden eingesetzt, um die statistischen Eigenschaften des Mobilfunkkanals optimal für die Übertragung nutzbar zu machen, z.B. durch die Realisierung des aufgrund der M Sende- und N Empfangsantennen möglichen Diversity-Gewinns.

Gegenüber konventionellen Funkstrecken, die in diesem Zusammenhang auch **Single Input Single Output (SISO)** genannt werden, erhöht der Einsatz von MIMO die Übertragungskapazität, gemessen in bit/s/Hz, bei fester Gesamtsendeleistung und fester Bandbreite. Der physikalisch dafür zu entrichtende Preis besteht darin, dass M parallele Sende- und N parallele Empfangszüge aufzubauen sowie zusätzliche Signalverarbeitungsalgorithmen im Sender und im Empfänger zu implementieren sind.

11.1   Das MIMO-Übertragungsmodell

In diesem Abschnitt wird ein Modell für die MIMO-Übertragung im äquivalenten Tiefpassbereich vorgestellt. Dabei darf davon ausgegangen werden, dass auf dem Kanal nur frequenzflaches Fading stattfindet. Frequenzselektive Kanäle werden durch Entzerrung in frequenzflache Kanäle transformiert. Auf die formale Kennzeichnung der Zeitabhängigkeit des M-dimensionalen **Sendevektors**

$$\vec{s} = (s_1, s_2, \ldots, s_M)^T \tag{11.1-1}$$

und der anderen Komponenten des Übertragungsmodells (11.1-5) verzichten wir hier. Die Gesamtsendeleistung

$$P = M\sigma_s^2 \tag{11.1-2}$$

ist unabhängig von der Anzahl der Sendeantennen M. Das heißt die von der einzelnen Antenne abgestrahlte Leistung σ_s^2 ist umgekehrt proportional zu M.

Der frequenzflache (und damit gedächtnislose) Kanal zwischen der m-ten Sendeantenne und der n-ten Empfangsantenne wird durch einen komplexen Faktor $h(n,m)$ beschrieben. Die $N \cdot M$ Einzelkanäle werden zu der $N \times M$-dimensionalen **Kanalmatrix**

$$\overline{H} = \begin{bmatrix} h(1,1) & h(1,2) & \cdots & h(1,M) \\ h(2,1) & h(2,2) & \cdots & h(2,M) \\ \vdots & \vdots & & \vdots \\ h(N,1) & h(N,2) & \cdots & h(N,M) \end{bmatrix} \tag{11.1-3}$$

zusammengefasst (siehe Bild 11.1-1).

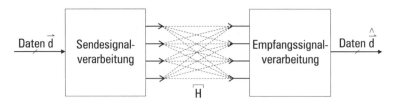

Bild 11.1-1: MIMO-System

Das von der n-ten Empfangsantenne aufgenommene Signal ist dann eine
Überlagerung der M Sendesignale:

$$r_n = \sum_{m-1}^{M} h(n,m)s_m + w_n \qquad (11.1\text{-}4)$$

In (11.1-4) stellt w_n ein additives komplexes weißes Gauß'sches Rauschen
dar. Mit dem N-dimensionalen **Empfangsvektor**

$$\vec{r} = (r_1, r_2, \ldots, r_N)^T$$

und dem N-dimensionalen **Rauschvektor**

$$\vec{w} = (w_1, w_2, \ldots, w_N)^T$$

erhalten wir das äquivalente **Tiefpassmodell der MIMO-Übertragung**

$$\vec{r} = \overline{\overline{H}}\,\vec{s} + \vec{w}. \qquad (11.1\text{-}5)$$

Der Empfangsvektor $\vec{r}$ hängt vom Sendevektor $\vec{s}$, von der Kanalmatrix $\overline{\overline{H}}$
und vom Rauschvektor $\vec{w}$ ab. Um das Übertragungsmodell (11.1-5) für wei-
tergehende analytische Untersuchungen nutzbar machen zu können, treffen
wir folgende **Annahmen** [HM05]:

1. Die Sendesymbole $s_1, s_2, \ldots, s_M$, d.h. die Komponenten des Sendevektors
   $\vec{s}$, sind unabhängige, identisch verteilte, komplexwertige Gauß'sche Zufallsgrößen mit dem Erwartungswert 0 und der Varianz σ_s^2. Für die Kovarianzmatrix des Sendevektors folgt mit der M-dimensionalen Einheitsmatrix $\overline{\overline{T}}_M$

   $$\overline{\overline{R}}_s = E\{\vec{s}\,\vec{s}^{\,T}\} = \sigma_s^2\,\overline{\overline{T}}_M. \qquad (11.1\text{-}6)$$

2. Die Elemente der Kanalmatrix $\overline{\overline{H}}$ sind unkorrelierte, identisch verteilte,
   komplexwertige Gauß'sche Zufallsgrößen mit dem Erwartungswert 0 und
   der Varianz 1. Daraus ergibt sich, dass die Beträge $|h(n,m)|$ rayleighver-
   teilt und ihre Quadrate $|h(n,m)|^2$ χ^2-verteilt mit

   $$E\{|h(n,m)|^2\} = 1 \quad \text{für alle } n,m \qquad (11.1\text{-}7)$$

   sind.

3. Die Komponenten $w_1, w_2, \ldots, w_N$ des Rauschvektors $\vec{w}$ sind unabhängige, identisch verteilte, komplexwertige Gauß'sche Zufallsgrößen mit dem Erwartungswert 0 und der Varianz σ_w^2. Die Kovarianzmatrix des Rauschvektors berechnet sich mit der N-dimensionalen Einheitsmatrix $\overline{T}_N$ zu

$$\overline{R}_w = E\{\vec{w}\vec{w}^T\} = \sigma_w^2 \overline{T}_N. \tag{11.1-8}$$

Mit (11.1-2) und (11.1-8) erhalten wir für das SNR jedes einzelnen Empfangssignals

$$\mathrm{SNR} = \frac{P}{\sigma_w^2} = \frac{M\sigma_s^2}{\sigma_w^2}. \tag{11.1-9}$$

Das SNR des einzelnen Empfangssignals ist unabhängig von der Anzahl der Empfangsantennen N.

11.2   Die MIMO-Kanalkapazität

In Abschnitt 10.3 haben wir die Shannon'sche Kanalkapazität kennengelernt. Für ein SISO-System ergibt sich aus (10.3-1) und (11.1-9) nach Normierung auf die Bandbreite W:

$$C_0 = \frac{C}{W} = \log_2\left(1 + \mathrm{SNR}\right) \tag{11.2-1}$$

Für einen frequenzflachen SISO-Funkkanal folgt unter der Voraussetzung, dass am Empfänger der Kanalzustand bekannt ist [HM05]:

$$C_0 = E\left\{\log_2\left(1 + \frac{|h|^2 P}{\sigma_w^2}\right)\right\} \tag{11.2-2}$$

In (11.2-2) wird der Erwartungswert über die den Kanal beschreibende Zufallsgröße h gebildet, von der angenommen wird, dass sie ergodisch [JW02] ist. Die Verallgemeinerung von (11.2-2) auf den frequenzflachen MIMO-Kanal ergibt die **MIMO-Kanalkapazität**

$$C_0 = E\left\{\log_2 \frac{\det\left(\overline{R}_w + \overline{H}\,\overline{R}_s\,\overline{H}^H\right)}{\det\left(\overline{R}_w\right)}\right\}. \tag{11.2-3}$$

In (11.2-3) sind $\overline{R}_s$, $\overline{H}$ und $\overline{R}_w$ die in Abschnitt 11.1 eingeführten Matrizen, det($\cdot$) bedeutet die Bildung der Determinanten und $\overline{H}^H$ ist die zu $\overline{H}$ transponiert konjugierte Matrix. Dabei ist zu beachten, dass für die Spur tr($\overline{R}_s$) der Matrix $\overline{R}_s$

$$\max_{\overline{R}_s} \ \mathrm{tr}(\overline{R}_s) \leq P$$

gelten muss. Für den in Abschnitt 11.1 betrachteten Fall Gauß'scher Modelle für Sendesymbole s_m, Kanalkoeffizienten $h(n,m)$ und Rauschgrößen w_n vereinfacht sich (11.2-3) zur **log-det Kapazität für einen Gauß'schen MIMO-Kanal** [HM05]:

$$C_0 = E \left\{ \log_2 \left[\det \left(\overline{T}_N + \frac{\mathrm{SNR}}{M} \, \overline{H} \, \overline{H}^H \right) \right] \right\} \qquad (11.2\text{-}4)$$

Für ein MIMO-System mit gleicher Antennenzahl am Sender und am Empfänger ($M = N$) heißt das:

> Die MIMO-Kapazität einer frequenzflachen Funkverbindung wächst ungefähr proportional zu N.

Hierbei handelt es sich zunächst um eine theoretische Aussage, da die Gültigkeit der in Abschnitt 11.1 gemachten Annahmen für praktische Anwendungen natürlich nicht unbedingt garantiert werden kann. In [KK05] wurden in-House Messungen durchgeführt, um ein Gefühl für praktisch erzielbare MIMO-Kapazitätsgewinne zu entwickeln. Bild 11.2-1 zeigt die Verteilungsfunktionen der MIMO-Kapazität für unterschiedliche Antennensysteme. Auf der Ordinate kann also die Wahrscheinlichkeit dafür abgelesen werden, dass die Kanalkapazität C_0 einen Abszissenwert x unterschreitet. Je weiter rechts die Kurve im Bild 11.2-1 liegt, desto besser ist das zugehörige System. Zum Verständnis der MIMO-Technik aus stochastischer Sicht ist noch eine **Bemerkung** angebracht:

Die Forderung nach der Unkorreliertheit aller MIMO-Einzelkanäle untereinander lässt sich mit Hilfe des Korrelationskoeffizienten [JW02] durch

$$\rho \left(h(n_1,m_1); h(n_2,m_2) \right) = 0 \qquad \text{für alle } (n_1,m_1) \neq (n_2,m_2) \qquad (11.2\text{-}5)$$

ausdrücken.

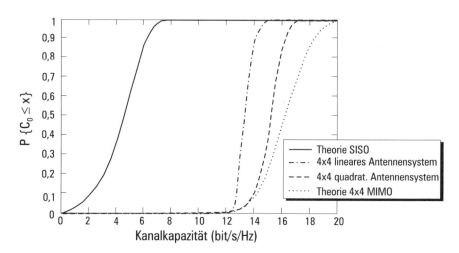

Bild 11.2-1: MIMO-Kapazitäten, Vergleich theoretischer und gemessener
Kurven (nach [KK05])

Technisch wird (11.2-5) in der Regel durch einen Minimalabstand zwischen
den Sendeantennen sowie zwischen den Empfangsantennen, der deutlich
größer als die halbe Wellenlänge ist, erreicht. Experimentelle Untersuchungen
haben ergeben, dass für den Einsatz von MIMO ausschließlich die Einhal-
tung der Forderung (11.2-5) wichtig ist. Der Abstand der Einzelantennen
innerhalb der Antennenfelder kann also unter Umständen auch kleiner als
$\lambda/2$ gewählt werden, wenn (11.2-5) durch andere Maßnahmen erfüllt wird
[Wal04], [KK05].

11.3 Die Singulärwertzerlegung der Kanalma-trix

Die (komplexwertige) $N \times M$-Kanalmatrix $\overline{H}$ kann in der Form

$$\overline{H} = \overline{U}\,\overline{\Lambda}\,\overline{V}^H \tag{11.3-1}$$

geschrieben werden. Darin sind $\overline{U}$ eine $N \times N$- und $\overline{V}$ eine $M \times M$-
Orthogonalmatrix, d.h. es gilt $\overline{U}\,\overline{U}^H = \overline{I}_N$ und $\overline{V}\,\overline{V}^H = \overline{I}_M$. $\overline{\Lambda}$ ist

eine $N \times M$-Matrix, die in ihrer oberen linken Ecke die Diagonalmatrix diag $\left\{ \sqrt{\lambda_1}, \sqrt{\lambda_2}, \ldots, \sqrt{\lambda_R} \right\}$ enthält und sonst mit Nullen aufgefüllt ist. Es gilt $\sqrt{\lambda_1} > \sqrt{\lambda_2} > \ldots > \sqrt{\lambda_R}$ und die $\sqrt{\lambda_R}$ heißen Singulärwerte von $\overline{H}$. Sie sind identisch mit den Quadratwurzeln aus den Eigenwerten der Matrix $\overline{H}\,\overline{H}^H$. Die Anzahl R der Singulärwerte ist der Rang der Matrix $\overline{H}$:

$$R = \mathrm{rang}\left(\overline{H}\right) \leq \min\left\{M, N\right\} \tag{11.3-2}$$

R hängt vom Kanalzustand ab.

Denkt man sich die Sendesignale $\vec{s}$ durch die Multiplikation der Datensymbole $\vec{d}$ mit der Matrix $\overline{V}$ erzeugt,

$$\vec{s} = \overline{V}\,\vec{d}, \tag{11.3-3}$$

und die Empfangssignale $\vec{r}$ durch Multiplikation mit der Matrix $\overline{U}$ nachbearbeitet,

$$\vec{y} = \overline{U}^H\,\vec{r}, \tag{11.3-4}$$

ergibt sich folgende **Interpretation**:

> Durch ein MIMO-System werden Datensymbole auf R parallelen Kanälen übertragen, die unkorreliertem Schwund unterworfen sind und deren mittlere Pegel den Quadraten λ_r; $1 \leq r \leq R$; der Singulärwerte von $\overline{H}$ entsprechen. Es wird dabei auf den **Eigenmoden** des Kanals übertragen (Bild 11.3-1).

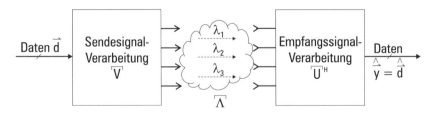

Bild 11.3-1: Übertragung auf den Eigenmoden des MIMO-Kanals

Kennt der Sender die Kanalmatrix $\overline{\overline{H}}$, kann zur optimalen Kanalnutzung **Waterfilling** Anwendung finden (Bild 11.3-2).

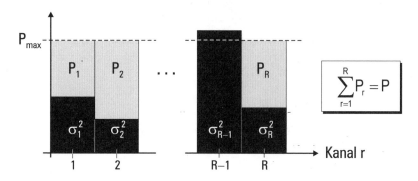

Bild 11.3-2: Waterfilling

Waterfilling teilt die Gesamtsendeleistung P nach folgender Vorschrift auf R parallele AWGN-Kanäle auf, wobei auf dem einzelnen Kanal die Leistung P_{max} nicht überschritten werden darf:

$$P_r = \begin{cases} P_{max} - \sigma_r^2 & \text{wenn } P_{max} \geq \sigma_r^2 \\ 0 & \text{sonst} \end{cases} \tag{11.3-5}$$

Unter den Annahmen, dass $M = N$ gilt und dass die Kanalmatrix $\overline{\overline{H}}$ maximalen Rang N besitzt, kann Waterfilling mit der Operation

$$\vec{s} = \overline{\overline{V}} \, \overline{\overline{E}}_s^{\frac{1}{2}} \, \vec{d} \tag{11.3-6}$$

durchgeführt werden. Dabei sind die Diagonalelemente der Diagonalmatrix $\overline{\overline{E}}_s$ die Symbolenergien, die sich aus dem Waterfilling (11.3-5) ergeben, und $\overline{\overline{V}}$ ist die aus der Singulärwertzerlegung von $\overline{\overline{H}}$ (11.3-1) bekannte Matrix.

11.4   MIMO-Detektion

Jede der N MIMO-Empfangsantennen nimmt gemäß (11.1-4) eine durch additives weißes Rauschen zusätzlich gestörte Linearkombination aller M

gesendeten Signale auf. Es kommt also an jeder Empfangsantenne zu Eigeninterferenzen innerhalb des MIMO-Systems, die unter der Annahme, dass alle Sendevektoren $\vec{s}$ mit derselben a priori Wahrscheinlichkeit auftreten, optimal durch den Einsatz eines **ML-Detektors** unterdrückt werden. Der ML-Detektor entscheidet sich für den Sendevektor $\hat{\vec{s}}$, der

$$\hat{\vec{s}} = \arg\min_{\vec{s}} \left(|\vec{r} - \overline{H}\vec{s}|^2 \right) \tag{11.4-1}$$

erfüllt. Prinzipiell kann über (11.4-1) auch eine Folge unabhängiger Sendevektoren geschätzt werden (Maximum Likelihood Sequence Estimation, ML-SE). Alle ML-Schätzer realisieren eigentlich eine vollständige Suche über alle Sendesignalkombinationen und entscheiden nach (11.4-1) für den Sendevektor, der nach Durchlaufen des Kanals $\overline{H}$ dem beobachteten Empfangsvektor $\vec{r}$ am nächsten liegt. Eine aufwandsgünstige Implementierung der MLSE bietet auch hier der Viterbi-Algorithmus (vergleiche Abschnitt 6.3). In der Regel wird jedoch für die MIMO-Detektion auf einfache lineare Verfahren zurückgegriffen.

Lineare Detektoren zur Eigeninterferenzunterdrückung genügen dem Ansatz

$$\hat{\vec{s}} = \overline{L}\vec{r} \tag{11.4-2}$$

mit der $M \times N$-Matrix $\overline{L}$. Die linearen Detektoren unterscheiden sich voneinander allein in der Art und Weise, nach der $\overline{L}$ bestimmt wird. Mit Blick auf (11.1-5) besteht die einfachste Methode darin, empfängerseitig die Kanalmatrix $\overline{H}$ zu messen, sie zu invertieren und den Empfangsvektor $\vec{r}$ mit $\overline{H}^{-1}$ zu multiplizieren. Allerdings ist dabei zu beachten, dass $\overline{H}$ im Allgemeinen nicht quadratisch ist, sodass für den aus der Matrixinversion konstruierten **Zero Forcing (ZF-) Detektor** die Moore-Penrose-Inverse von $\overline{H}$ in (11.4-2) eingesetzt wird:

$$\overline{L}_{ZF} = \left(\overline{H}^H \overline{H} \right)^{-1} \overline{H}^H \tag{11.4-3}$$

Für den Sonderfall, dass $\overline{H}$ quadratisch ist, folgt $\overline{L}_{ZF} = \overline{H}^{-1}$. Der Nachteil des ZF-Detektors liegt darin, dass auf der rechten Seite von (11.1-5) auch der Rauschvektor $\vec{w}$ mit $\overline{H}^{-1}$ multipliziert wird, was zu einer unerwünschten Rauschverstärkung führt.

Die Rauschverstärkung wird durch den **Minimum Mean Square Error**

(MMSE-) Detektor abgeschwächt, der sich für den Sendevektor $\hat{\vec{s}}$ entscheidet, der

$$\hat{\vec{s}} = \arg\min_{\vec{s}} \left[E\left\{ |\hat{\vec{s}} - \vec{s}|^2 \right\} \right] \tag{11.4-4}$$

erfüllt. Die zugehörige Detektormatrix berechnet sich zu

$$\overline{L}_{\mathrm{MMSE}} = \left(\overline{H}^H \, \overline{H} + \frac{M}{\mathrm{SNR}} \overline{I}_M \right)^{-1} \overline{H}^H. \tag{11.4-5}$$

Aus (11.4-5) liest man ab, dass der MMSE-Detektor für hohes SNR gegen den ZF-Detektor konvergiert. Für kleines SNR versucht der MMSE-Detektor, die Balance zwischen idealer Symbolrekonstruktion und Rauschverstärkung zu halten. Allerdings erfordert sein Einsatz eine SNR-Schätzung.

Bild 11.4-1 zeigt die erste Stufe eines im Allgemeinen mehrstufig aufzubauenden **Empfängers mit sukzessiver Interferenzunterdrückung** (SIC, Successive Interference Cancellation). Die Eingangsgrößen sind der Empfangsvektor $\vec{r}$ und die (geschätzte) Kanalmatrix $\overline{H}$. Der Demodulator bestimmt den Wert der ersten Komponente $\hat{s}_1$ des Sendevektors $\hat{\vec{s}}$, der Modulator remoduliert $\hat{s}_1$. Der Ausgang des Modulators wird den Kanaleinflüssen unterworfen und danach werden alle Einflüsse von $\hat{s}_1$ aus den Komponenten des Empfangsvektors $\vec{r}$ herausgerechnet. Das führt auf den Vektor $\vec{r}_{-1}$, der neben der durch Abspaltung der ersten Spalte von $\overline{H}$ entstehenden Matrix $\overline{H}_{-1}$ Eingangsgröße der zweiten Empfängerstufe ist. Ein Problem der SIC besteht im Einfluss der Einzelsymbolentscheidung auf die nachfolgende Verarbeitung. Bei fehlerhafter Entscheidung kommt es zur Fehlerfortpflanzung auf die nachfolgenden Stufen.

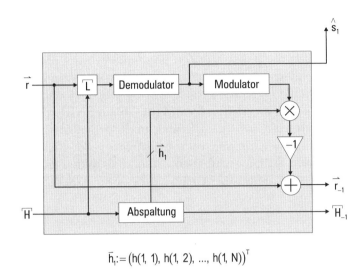

$$\vec{h}_1 := \left(h(1, 1),\ h(1, 2),\ ...,\ h(1, N) \right)^{\top}$$

Bild 11.4-1: Stufe einer sukzessiven Interferenzunterdrückung

11.5 MIMO-Verfahren

In diesem letzten Abschnitt über MIMO werden mehrere aus der Literatur bekannte Verfahren kurz vorgestellt.

V-BLAST

Die **Vertical Bell Labs Layered Space Time Architecture (V-BLAST)** ist ein MIMO-Übertragungsverfahren, das im Empfänger eine besondere Form der sukzessiven Interferenzunterdrückung nutzt. Der Sender verteilt M aufeinanderfolgende Symbole auf seine M Antennen und überträgt sie gleichzeitig. Weil mit den M Sendeantennen M Symbole in der Zeit gesendet werden können, in der eine Antenne ein Symbol senden kann, erzielt V-BLAST gegenüber einem entsprechenden SISO-System eine bis zu M-fache Brutto-Datenrate. Empfängerseitig werden mit den N Antennen N Kopien der Sendesymbole empfangen, die durch die jeweiligen Kanalkoeffizienten $h(n,m)$ individuell beeinflusst sind. Daraus resultiert gegenüber einem konventionellen (SISO-)Empfänger ein Diversitätsgewinn vom Grad N.

Bild 11.5-1 zeigt, aufbauend auf Bild 11.4-1, die Struktur eines V-BLAST-Empfängers mit sukzessiver Interferenzunterdrückung. Die Besonderheit besteht hier darin, dass die Komponenten des Sendevektors nicht bedingungslos in der vom Sender vorgegebenen Reihenfolge, sondern nach fallendem SNIR (Signal-to-Noise and Interference Ratio) geordnet detektiert werden. Durch die Kombination aus den aufgrund des hohen SNIRs (wahrscheinlich) richtigen Entscheidungen in frühen Stufen und der sukzessiven Eigeninterferenzunterdrückung im Empfangsvektor besteht die Möglichkeit, das SNIR für die nachfolgenden Stufen anzuheben. Besonders in den letzten Stufen bedeutet diese Anhebung eine wesentliche Verbesserung des SNIR und damit der Symbolfehlerrate.

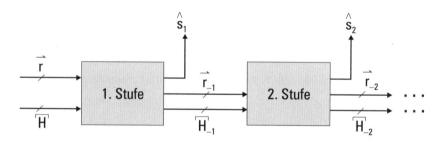

Bild 11.5-1: Sukzessive Interferenzunterdrückung im
V-BLAST-Empfänger

D-BLAST

Mit der **Diagonal Bell Labs Layered Space Time Architecture (D-BLAST)** wird pro Zeitschlitz ein Symbol von der ersten und in den folgenden $M-1$ Zeitschlitzen jeweils von der Antenne $2,3,\ldots,M$ übertragen. Während der Wiederholungen werden bereits neue Symbole von der ersten Antenne gesendet, sodass sich im Zeitbereich die in Bild 11.5-2 gezeigte Struktur ergibt. Wie bei V-BLAST werden auch hier in jedem Zeitschlitz M unabhängige Symbole über die M Sendeantennen abgestrahlt, aber die M-fache Wiederholung jedes einzelnen Symbols hat zur Folge, dass die Brutto-Datenrate von D-BLAST der eines SISO-Systems entspricht. Allerdings nutzt D-BLAST die Sende- und die Empfangsdiversität. Die Nutzdatenrate lässt sich hier also nur indirekt durch den Einsatz höherwertiger Modulationsverfahren steigern.

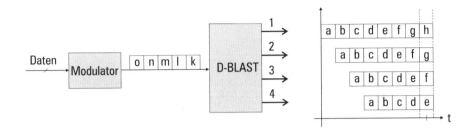

Bild 11.5-2: D-BLAST Sender

Die Empfangssignalverarbeitung in D-BLAST skizziert Bild 11.5-3 für das Beispiel $M = 4$ Sendeantennen und $N = 4$ Empfangsantennen: Links im Bild sind die Empfangsantennen zu erkennen, zusammen mit einer graphischen Darstellung des Empfangssignalmodells nach (11.1-4) für jede Empfangsantenne. Die ersten vier Symbole (a, b, c, d) seien bereits korrekt detektiert worden und das aktuell zur Entscheidung anstehende Symbol sei e. Da e senderseitig während M Zeitschlitzen abgestrahlt wird, werden empfängerseitig auch M Zeitschlitze für die Symbolentscheidung herangezogen. e besitzt auf jeden während dieser M Zeitschlitze beobachteten Empfangsvektor Einfluss. Im Empfänger wird zunächst die von den bereits detektierten Symbolen stammende Eigeninterferenz unterdrückt. Dazu werden die Symbole a, b, c und d remoduliert, den Kanaleinflüssen unterworfen und schließlich von den Empfangsvektoren subtrahiert, die jeweils zu den M betrachteten Zeitschlitzen vorliegen. Über die e zeitlich nachfolgenden Symbole f, g und h wurde noch keine Entscheidung getroffen, sodass ihr Einfluss auf die Entscheidung über e zum aktuellen Zeitpunkt nicht nach dem Prinzip der entscheidungsrückgekoppelten Interferenzunterdrückung entfernt werden kann.

Für jeden Zeitschlitz innerhalb des Beobachtungszeitraums werden die N Empfangsvektoren auf einen Empfangsvektor zusammengeführt. Im ersten der M Zeitschlitze ist das verhältnismäßig einfach möglich, da die Eigeninterferenz hier ausschließlich von vorhergehenden, bekannten Symbolen stammt. Hierbei kann zur Zusammenführung z.B. Maximal Ratio Combining (MRC) [HM05] eingesetzt werden. In den folgenden Zeitschlitzen gibt es Eigeninterferenzen durch nachfolgende Symbole. Dieser Einfluss auf die Entscheidung über e muss ohne Entscheidungsrückkopplung eliminiert werden, z.B. durch einen ZF- oder durch einen MMSE-Detektor.

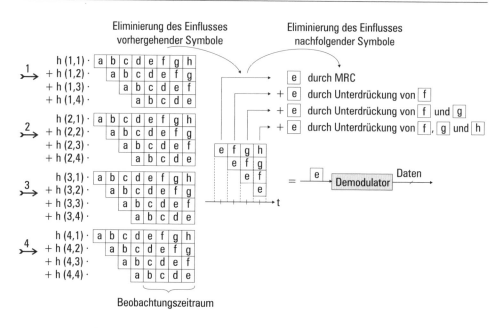

Bild 11.5-3: D-BLAST Signalverarbeitung im Empfänger

Durch Addition werden die unabhängigen Einzelbeobachtungen aus M Zeitschlitzen auf eine Symbolentscheidung zusammengeführt.

Nach der erfolgreichen Detektion von e können alle von diesem Symbol stammenden Eigeninterferenzen aus den nachfolgenden Empfangsvektoren entfernt werden. Der Empfangsalgorithmus befindet sich damit wieder in dem in Bild 11.5-3 gezeigten Zustand, mit dem Unterschied, dass jetzt f zur Entscheidung ansteht.

Der D-BLAST-Empfänger nutzt eine Kombination aus entscheidungsrückgekoppelter und direkter Interferenzunterdrückung. Sein Vorteil liegt in der optimalen Ausnutzung der räumlichen Diversität. Dieser wird jedoch mit einer aufwändigen Signalverarbeitung und durch eine Anfälligkeit auf Fehlerfortpflanzung durch die Entscheidungsrückkopplung erkauft.

STTC

Die Senderstruktur zur Realisierung eines **Space-Time Trellis Codes (STTC)** kann als Hintereinanderschaltung eines Modulators und eines Trelliscoders aufgefasst werden. Der Modulator bildet Bitfolgen auf Primärsymbole ab, die dann ihrerseits einen bestimmten Zustandsübergang auswählen. Darüber hinaus ist mit jedem Zustandübergang eine feste Kombination von M Sendesymbolen für die M Sendeantennen verknüpft. Bild 11.5-4 zeigt dieses Schema am Beispiel eines 8PSK-Modulators, hinter den ein Trelliscoder mit 8 Zuständen geschaltet ist, mit $M = 2$ Sendeantennen. Bild 11.5-5 stellt das zugehörige Signalraumdiagramm und einen Trellis mit 8 Zuständen, denen jeweils 8 mögliche Übergänge aus jedem in jeden Zustand zugeordnet sind, zusammen mit den Sendesymbolkombinationen für jeden Übergang dar. Als Empfänger kommt für STTCs z.B. ein MLSE-Decoder mit Viterbi-Algorithmus in Frage.

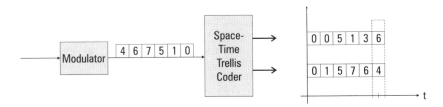

Bild 11.5-4: 8PSK Space-Time Trellis Code mit 8 Zuständen: Senderstruktur

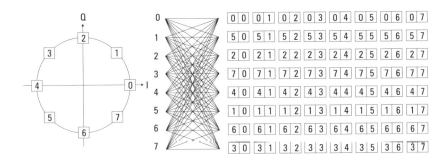

Bild 11.5-5: 8PSK Space-Time Trellis Code mit 8 Zuständen: Signalraumdiagramm und Trellis

Der Alamouti-Code

Bei dem Alamouti-Code handelt es sich um einen **Space-Time Block Code (STBC)**. Er wird durch die Matrix

$$\overline{G}_2 = \begin{bmatrix} s_1 & s_2 \\ -s_2^* & s_1^* \end{bmatrix} \tag{11.5-1}$$

beschrieben.

Die Matrix eines allgemeinen STBCs hat M Zeilen, n Spalten und enthält k voneinander unabhängige Symbole. Pro Symboltakt werden die in den Spalten stehenden Symbole über die M Sendeantennen abgestrahlt, sodass in n Symboltakten gerade k Symbole übertragen werden. Damit ergibt sich für den STBC eine Coderate von $R_c = k/n$. Für den Alamouti-Code gilt $k = n = 2$ und damit $R_c = 1$. Darüber hinaus ist $M = 2$.

Wir betrachten hier nun den Spezialfall, dass der Empfänger eines mit Hilfe von (11.5-1) codierten Signals konventionell, d.h. mit nur einer Antenne arbeitet. Während der beiden Symboltakte eines Codeblocks empfängt er

$$\vec{r} = \begin{pmatrix} r_1 \\ r_2 \end{pmatrix} = \overline{G}_2 \vec{h} + \vec{w} = \begin{bmatrix} s_1 & s_2 \\ -s_2^* & s_1^* \end{bmatrix} \begin{bmatrix} h(1) \\ h(2) \end{bmatrix} + \begin{bmatrix} w_1 \\ w_2 \end{bmatrix}$$

$$= \begin{bmatrix} h(1)s_1 + h(2)s_2 + w_1 \\ -h(1)s_2^* + h(2)s_1^* + w_2 \end{bmatrix}, \tag{11.5-2}$$

worin $\vec{h}$ den Kanal und $\vec{w}$ das additive Rauschen charakterisieren. Im Empfänger werden die Komponenten des Vektors $\vec{r}$ linear verknüpft:

$$\begin{aligned} y_1 &= h^*(1)r_1 + h(2)r_2^* \\ &= \left(|h(1)|^2 + |h(2)|^2 \right) s_1 + h^*(1)w_1 + h(2)w_2^* \end{aligned} \tag{11.5-3}$$

$$\begin{aligned} y_2 &= h^*(2)r_1 + h(1)r_2^* \\ &= \left(|h(1)|^2 + |h(2)|^2 \right) s_2 + h^*(2)w_1 + h(1)w_2^* \end{aligned} \tag{11.5-4}$$

Die Größen y_1 und y_2 sind ausschließlich von s_1 bzw. von s_2 abhängig. Beide Sendesymbole werden zudem in (11.5-3) bzw. (11.5-4) optimal bezüglich des Diversitätsgewinns mit $|h(1)|^2 + |h(2)|^2$ gewichtet. Damit bietet sich der Alamouti-Code für den Einsatz im Downlink klassischer Mobilfunksysteme an. Zum Erreichen des optimalen Diversitätsgewinns müssen nicht etwa alle Mobilgeräte ausgetauscht werden, sie benötigen nur eine Softwareerweiterung. Die Basisstationen müssen allerdings mit zwei Antennen und zusätzlicher Signalverarbeitungssoftware versehen werden.

Kapitel 12

Vielfachzugriff

Der Teilnehmer in einem Kommunikationsnetz möchte seine Übertragung ungestört und kostengünstig durchgeführt haben. Um diese Ziele zu erreichen, müssen sich mehrere Teilnehmer die Übertragungsressource „Frequenz" teilen. Dies geschieht, indem

- räumlich weit genug auseinander liegende Übertragungsstrecken dieselbe Frequenz nutzen (Space Division Multiple Access, SDMA),

- der zur Verfügung stehende Frequenzbereich in (Frequenz-)Kanäle aufgeteilt wird (Frequency Division Multiple Access, FDMA),

- jedem Teilnehmer der gesamte Frequenzbereich periodisch über einen Zeitschlitz zur Verfügung steht (Time Division Multiple Access, TDMA) oder

- die Teilnehmer durch teilnehmerspezifische Codes getrennt werden (Code Division Multiple Access, CDMA).

In großen Systemen werden häufig Kombinationen der o.g. grundsätzlichen Vielfachzugriffsverfahren angewendet. So nutzt z.B. das Global System for Mobile Communications (GSM) eine Kombination aus SDMA (Zelleneinteilung) und FDMA/TDMA (Trennung der Teilnehmer innerhalb einer Zelle).

Wir werden im Folgenden FDMA, TDMA und CDMA diskutieren. Dabei haben wir immer die Vorstellung, dass eine (u.U. große) Zahl von Teilnehmern auf die z.B. von einem Satellitentransponder oder von einer Basisstation (Base Transceiver Station, BTS) eines Mobilfunksystems zur Verfügung gestellte Übertragungsressource zugreifen will.

12.1   FDMA: Frequency Division Multiple Access

Die Übertragungsressource wird (Bild 12.1-1) in (Frequenz-)Kanäle aufgeteilt. Erhält der Teilnehmer einen Kanal zugeteilt, darf er dort ohne Einschränkungen senden, solange seine Aussendung innerhalb der Kanalbandbreite bleibt und die Vorgaben der Regulierungsbehörde einhält.

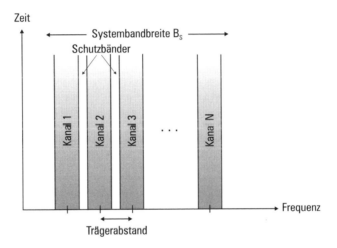

Bild 12.1-1: FDMA

FDMA lässt sich mit relativ einfachen Hardwarekomponenten durchführen. Der Synchronisationsaufwand ist vergleichsweise gering. Schwierigkeiten verursachen nichtideale Bauelemente wie Filter und Oszillatoren. Diese werden jedoch durch die Einführung von Schutzbändern zwischen den Kanälen abgemildert.

Ein weitaus größeres Problem stellen die Sendeverstärker in FDMA-Basisstationen dar. Durch sie werden alle Signale gemeinsam verstärkt, bevor sie z.B. über die Antenne abgestrahlt werden. Bei der gemeinsamen Verstärkung von zwei oder mehreren Signalen entstehen durch die nichtlineare Verstärkerkennlinie **Intermodulationsprodukte**, die sehr störend wirken können. Intermodulationsprodukte sind Linearkombinationen der Sendefrequenzen.

Werden $f_1, f_2, \ldots, f_N$ verstärkt, ist z.B.

$$f^{(l,i)} = k_1 f_1 + k_2 f_2 + \cdots + k_N f_N, \qquad\qquad (12.1\text{-}1)$$

$k_n \in \mathbb{Z}$, ein Intermodulationsprodukt der Ordnung

$$l = \sum_{n=1}^{N} |k_n| \,.$$

Die Stärke der Intermodulationsprodukte fällt schnell mit wachsender Ordnung. Nur Intermodulationsprodukte ungerader Ordnung fallen in den Frequenzbereich der FDMA-Basisstation, besonders störend sind die Intermodulationsprodukte der Ordnungen 3 und 5.

Beispiel:

Der nichtlineare Verstärker habe die in Bild 12.1-2 skizzierte Kennlinie, die im relevanten Bereich durch eine kubische Parabel

$$h(x) = a_1 x + a_3 x^3$$

angenähert werden kann.

Ist $\Delta f \ll f_T$, ergibt sich für das Eingangssignal

$$x(t) = A \cos\left[2\pi\left(f_T - \frac{\Delta f}{2}\right)t\right] + B\cos\left[2\pi\left(f_T + \frac{\Delta f}{2}\right)t\right]$$

nach einer Bandpassfilterung am Verstärkerausgang das aus zwei linearen Anteilen und zwei Intermodulationsprodukten 3. Ordnung bestehende Signal

$$y(t) = h(x(t)) \approx$$

$$\left(a_1 A + \frac{3}{4}a_3 A^3 + \frac{3}{2}a_3 AB^2\right)\cos\left[2\pi\left(f_T - \frac{\Delta f}{2}\right)t\right]$$

$$+ \left(a_1 B + \frac{3}{4}a_3 B^3 + \frac{3}{2}a_3 A^2 B\right)\cos\left[2\pi\left(f_T + \frac{\Delta f}{2}\right)t\right]$$

$$+ \frac{3}{4}a_3 AB\left\{A\cos\left[2\pi\left(f_T - \frac{3}{2}\Delta f\right)t\right]\right.$$

$$\left. + B\cos\left[2\pi\left(f_T + \frac{3}{2}\Delta f\right)t\right]\right\}.$$

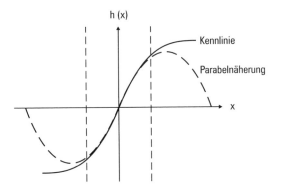

Bild 12.1-2: Nichtlineare Verstärkerkennlinie und Approximation durch
eine kubische Parabel

12.2 TDMA: Time Division Multiple Access

In TDMA Systemen steht jedem Teilnehmer die gesamte Systembandbreite
B_S für die Dauer seines Zeitschlitzes zur Verfügung (Bild 12.2-1). Die M
vom System bereitgehaltenen Zeitschlitze werden zu einem Rahmen (Frame)
zusammengefasst. Der Rahmen stellt für das TDMA System eine zeitlich
periodische Struktur dar. Die Aussendung eines Teilnehmers (oder die von
der Basisstation an einen Teilnehmer) wird als Burst bezeichnet.

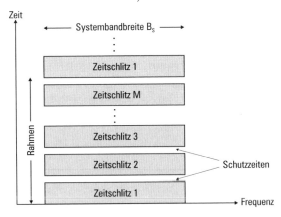

Bild 12.2-1: TDMA

Ein Burst (Bild 12.2-2) ist aus einer der Entzerrereinstellung dienenden Präambel und den (Nutz-)Daten aufgebaut. Da die (zeitlich) näher an der Präambel liegenden Nutzdaten besser als weiter entfernt liegende entzerrt werden können, werden in praktischen Systemen häufig Midambeln zur Kanalvermessung und -entzerrung eingesetzt.

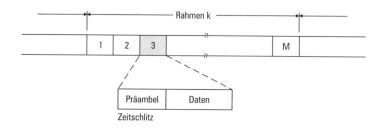

Bild 12.2-2: Rahmen und Zeitschlitz im TDMA

TDMA Verfahren übertragen auf einem Träger die Summe der Datenraten aller auf dem Träger sendenden Teilnehmer (die Datenrate im Burst ist also ungefähr M mal so groß wie die Datenrate des einzelnen Teilnehmers). Die Daten werden in zeitkomprimierter Form übertragen. Als Folge der so entstehenden hohen Datenraten kommt es am Empfänger häufig zu Intersymbol-Interferenzen. Es besteht daher die Notwendigkeit, Kanalentzerrer einzusetzen. Entzerrer werden im Kapitel 14 behandelt.

TDMA Systeme können, insbesondere wegen der durchzuführenden Datenkompression und der daher notwendigen Speicherung, nur unter Einsatz digitaler Signalverarbeitungsmethoden realisiert werden. Aufgrund der mit der digitalen Signalverarbeitung verbundenen Integrationsfähigkeit der benötigten Hardware ist insbesondere die Konstruktion kleiner, leichter Endgeräte (Mobiltelefone) und kompakter Basisstationen möglich.

Die Wartezeit zwischen zwei Sendezeitpunkten wird z.B. im Mobiltelefon für die Feldstärkemessung bezüglich der von anderen Basisstationen gesendeten Signale benutzt, etwa um ein Handover einleiten zu können.

Ein wichtiger Aspekt in TDMA Systemen ist die Synchronisation. Es muss dafür gesorgt werden, dass es am Empfänger nicht zu einer Überlappung von Bursts kommt. Für die Systemsteuerung ist es daher notwendig, dass der Abstand zwischen Basisstation und Mobilgerät bekannt ist. Aus der zugehörigen Laufzeit und der auf dem Synchronisationskanal der Basisstation gesendeten Information bestimmt das Mobiltelefon seinen genauen Sendezeitpunkt. Um die dann immer noch bestehenden Restunsicherheiten bei der Laufzeitmessung zu berücksichtigen, werden zwischen die Zeitschlitze Schutzzeiten gelegt.

12.3 CDMA: Code Division Multiple Access

Im CDMA nutzen alle momentan aktiven Teilnehmer gleichzeitig die gesamte Systembandbreite B_S (Bild 12.3-1).

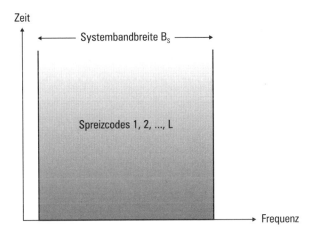

Bild 12.3-1: CDMA

Die Übertragung des einzelnen Teilnehmers ist deutlich breitbandiger als für die gesendete Information eigentlich notwendig. Das Sendesignal wird gespreizt, wie Bild 12.3-2 andeutet. Statt eines Bits der Dauer T_b wird eine als **Spreizcode** bezeichnete **Signatur** übertragen, die aus mehreren Chips der Dauer T_c aufgebaut ist. Im Spektralbereich bedeutet dies eine Spreizung der Bandbreite B_b auf $B_c = B_S$ (Bild 12.3-3). Man bezeichnet

$$\mathrm{SF} = \frac{B_c}{B_b} = \frac{T_b}{T_c} \qquad (12.3\text{-}1)$$

als **Spreizfaktor**.

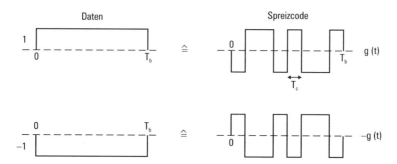

Bild 12.3-2: Bandspreizen, Wirkung im Zeitbereich

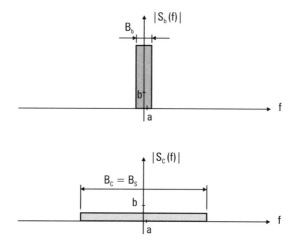

Bild 12.3-3: Bandspreizen, Wirkung im Frequenzbereich

Im Empfänger werden die Signale aufgrund der Kenntnis der Spreizcodes $\{g_i(t)\}$ getrennt: Verschiedenen Teilnehmern werden verschiedene Signaturen zugeteilt. Für die Spreizcodefamilie gilt idealerweise

$$\int_0^{T_b} g_i(t)g_k(t)\,dt = \delta_{ik} = \begin{cases} 0 & \text{für } i \neq k \\ 1 & \text{für } i = k \end{cases}. \qquad (12.3\text{-}2)$$

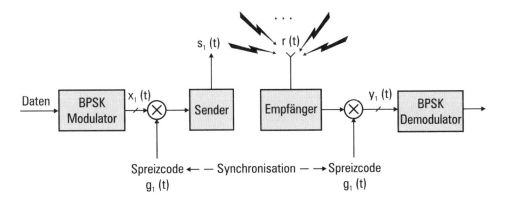

Bild 12.3-4: Bandspreizen als Doppelmodulation

Aus Bild 12.3-4 wird deutlich, dass das angewendete Bandspreizverfahren als Doppelmodulationsverfahren interpretiert werden kann. Der zu sendende Datenstrom wird in diesem Beispiel zunächst in BPSK-Symbole umgewandelt. Zur Spreizung wird dann jedes der Symbole, wie in Bild 12.3-2 bereits angedeutet, mit dem Spreizcode $g_1(t)$ multipliziert. Das Sendesignal kann somit geschrieben werden als

$$s_1(t) = x_1(t)g_1(t)A_1\cos(2\pi f_T t). \qquad (12.3\text{-}3)$$

Auf dem Kanal überlagern Signale anderer Verbindungen im CDMA $s_1(t)$ additiv, sodass, wenn alle anderen Störungen außer Acht gelassen werden und alle Signale synchron ankommen, das Empfangssignal die Form

$$r(t) = \sum_{l=1}^{L} x_l(t)g_l(t)A_l\cos(2\pi f_T t) \qquad (12.3\text{-}4)$$

hat. Heruntermischen und Multiplizieren mit der auf die Signatur des Sendesignals $s_1(t)$ synchronisierten Signatur $g_1(t)$ liefert das Signal

$$y_1(t) = x_1(t)\,g_1^2(t)\,A_1 + \sum_{l=2}^{L} x_l(t)\,g_1(t)\,g_l(t)\,A_l, \qquad (12.3\text{-}5)$$

das vom BPSK-Demodulator weiterverarbeitet wird. Im Idealfall, d.h. wenn die Gleichungen (12.3-2) und (12.3-4) wirklich gelten, verschwindet nach der

Integration über das Bitintervall der Länge T_b die Summe auf der rechten
Seite von (12.3-5). In der Realität gelten diese idealen Annahmen natürlich
nicht und die Summe auf der rechten Seite von (12.3-5) ist nach der Integration von Null verschieden. Ihr Wert wird dann als **Multiple Access
Interference (MAI)** bezeichnet.

Kapitel 13

Synchronisation

Bei der digitalen Übertragung ist im Empfänger stets eine Synchronisation notwendig. Diese bezieht sich insbesondere auf die Trägerfrequenz f_T (Trägerrückgewinnung) des Empfangssignals $r(t)$ und auf dessen Symboltakt. Wir werden uns hier auf die einfachsten Fälle spezieller Synchronisationsalgorithmen beschränken, d.h. Störungen finden keine Berücksichtigung und es werden nur bitweise Übertragungsverfahren diskutiert, sodass nur eine Bittaktsynchronisation behandelt wird. Eine ausführliche Darstellung von Synchronsiationsverfahren findet man z.B. in [MMF98].

Zunächst beschäftigen wir uns mit dem **Phasenregelkreis** (PLL, Phase Locked Loop), der insbesondere dann Anwendung findet, wenn kohärenter Empfang notwendig wird, d.h. wenn der Empfänger die Phasenlage von $r(t)$ kennen muss.

13.1 Phasenregelkreis (PLL)

Bild 13.1-1(a) zeigt die wesentlichen Komponenten eines PLL. Einen hier durch einen Multiplizierer realisierten Phasenvergleicher, ein Schleifenfilter, das in aller Regel durch einen Tiefpass mit der Impulsantwort $h(t)$ realisiert wird, und einen spannungsgesteuerten Oszillator (VCO, Voltage Controlled Oscillator).

Über einen gewissen Bereich von Eingangs- und Ausgangssignalen hinweg ist die Ausgangsfrequenz des VCO eine lineare Funktion seiner Eingangsspannung. Eine positive Eingangsspannung sorgt dafür, dass die Ausgangsfrequenz des VCO-Signals höher ist als die VCO-Ruhefrequenz f_T. Für eine negative Eingangsspannung nimmt die Ausgangsfrequenz entsprechend ab.

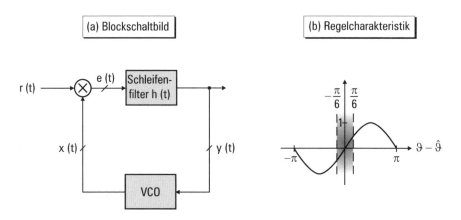

Bild 13.1-1: PLL, Phase Locked Loop

Wir nehmen an, das Eingangssignal $r(t)$ des PLL sei in der Amplitude auf 1 normiert, dann gilt

$$r(t) = \sin\left(2\pi f_T t + \vartheta(t)\right) \tag{13.1-1}$$

mit der (nominellen) Trägerfrequenz f_T und der langsam veränderlichen Phase $\vartheta(t)$.

Der Ausgang des VCO sei so normiert, dass für dieses Signal

$$x(t) = 2\cos\left(2\pi f_T t + \hat{\vartheta}(t)\right) \tag{13.1-2}$$

gilt. Für das Fehlersignal $e(t)$ am Multipliziererausgang folgt

$$e(t) = x(t)r(t) = 2\cos\left(2\pi f_T t + \hat{\vartheta}(t)\right)\sin\left(2\pi f_T t + \vartheta(t)\right)$$
$$= \sin\left[\vartheta(t) - \hat{\vartheta}(t)\right] + \sin\left[4\pi f_T t + \vartheta(t) + \hat{\vartheta}(t)\right]. \tag{13.1-3}$$

Die Tiefpassfilterung sorgt dafür, dass auf der rechten Seite von (13.1-3) der zweite Summand verschwindet. Damit hängt das Eingangssignal des VCO $y(t)$ nur vom Verlauf der Phasendifferenz $\vartheta(t) - \hat{\vartheta}(t)$ ab.

Die Ausgangsfrequenz des VCO errechnet sich aus (13.1-2):

$$f(t) = \frac{d}{dt}\left[f_T t + \frac{\hat{\vartheta}(t)}{2\pi}\right] = f_T + \frac{1}{2\pi}\frac{d\hat{\vartheta}(t)}{dt}$$

$$\Leftrightarrow f(t) - f_T = \Delta f(t) = \frac{1}{2\pi}\frac{d\hat{\vartheta}(t)}{dt}$$

Da die Ausgangsfrequenz des VCO eine lineare Funktion seiner Eingangsspannung ist, folgt

$$\frac{1}{2\pi}\frac{d}{dt}\hat{\vartheta}(t) = K_0 y(t) = K_0 e(t) * h(t)$$

$$\approx K_0\left[\vartheta(t) - \hat{\vartheta}(t)\right] * h(t). \tag{13.1-4}$$

In (13.1-4) sind K_0 die VCO-Verstärkung und $h(t)$ die Impulsantwort des
Schleifenfilters. Darüber hinaus wurde angenommen, dass $\vartheta(t) - \hat{\vartheta}(t)$ klein
ist. Diese Näherung ist sicher richtig, wenn der PLL nahe am Lock-Zustand
arbeitet. Der als **lineare Loop-Gleichung** bezeichnete Zusammenhang

$$\frac{1}{2\pi}\frac{d}{dt}\hat{\vartheta}(t) = K_0\left[\vartheta(t) - \hat{\vartheta}(t)\right] * h(t) \tag{13.1-5}$$

bestimmt für kleine Phasenfehler das Verhalten des PLL. Durch Fouriertransformation ergibt sich aus (13.1-5):

$$jf\,\hat{\theta}(f) = K_0\left[\theta(f) - \hat{\theta}(f)\right] \cdot H(f) \tag{13.1-6}$$

Die Umformung von (13.1-6) führt auf die Definition

$$C(f) = \frac{\hat{\theta}(f)}{\theta(f)} = \frac{K_0 H(f)}{jf + K_0 H(f)} \tag{13.1-7}$$

der **Closed-Loop-Übertragungsfunktion des PLL**. Die **Ordnung des
PLL** ist die höchste Potenz in f im Nenner von $C(f)$.

In Bild 13.1-1(b) ist die Regelcharakteristik des PLL skizziert. Wir unterscheiden folgende Fälle:

- Es sei $\vartheta = \hat{\vartheta}$. Der VCO schwingt auf derselben Frequenz weiter. VCO-Ausgangssignal $x(t)$ und PLL-Eingangssignal $r(t)$ haben dieselbe Frequenz und eine um $\pi/2$ verschobene Phase.

- Es sei $\vartheta > \hat{\vartheta}$, $|\vartheta - \hat{\vartheta}| < \pi/6$. Hier gilt $\sin(\vartheta - \hat{\vartheta}) \approx \vartheta - \hat{\vartheta}$. Mit (13.1-4) folgt $\Delta f(t) = K_0 \left[\vartheta - \hat{\vartheta}\right] * h$.

  Die Frequenzerhöhung führt über die Zeit t zu einer Phasenerhöhung

$$\Delta\vartheta = \int_0^t 2\pi(f(\tau) - f_T)\,d\tau$$

$$= K_0 \int_0^t \left[\vartheta(\tau) - \hat{\vartheta}(\tau)\right] * h(\tau)\,d\tau.$$

  Das heißt die Phasendifferenz $\vartheta - \hat{\vartheta}$ erhöht die VCO-Phase, wodurch die Phasendifferenz zum Eingangssignal kleiner wird. Dadurch wird die Regelspannung $y(t)$ kleiner etc. bis $y(t) = 0$ und damit $\vartheta = \hat{\vartheta}$ erreicht ist.

- Für $\vartheta < \hat{\vartheta}$, $|\vartheta - \hat{\vartheta}| < \pi/6$, ergibt sich ein entsprechender Verlauf der Regelung.

Allgemein gilt, dass für $|\vartheta - \hat{\vartheta}| < \pi/6$ die Regelspannung $y(t)$ eine Änderung der Phase proportional zum Integral über $[\vartheta(t) - \hat{\vartheta}(t)]$ hervorruft, $|\vartheta - \hat{\vartheta}|$ wird zu Null geregelt. Für Werte $\pi/6 \leq |\vartheta - \hat{\vartheta}| < \pi/2$ wächst $y(t)$ nicht mehr im gleichen Maße wie die Phasendifferenz, die Korrektur verläuft langsamer. Ist $|\vartheta - \hat{\vartheta}| \geq \pi/2$, gerät der PLL aus dem Lock-Zustand. Eine neue Akquisition wird notwendig.

13.2 Trägerrückgewinnung bei BPSK-Modulation

BPSK modulierte Signale lassen sich empfangsseitig in der Form

$$r(t) = a(t) \sin\left[2\pi f_T t + \vartheta\right] + n(t) \tag{13.2-1}$$

schreiben. $n(t)$ ist eine Rauschstörung und $a(t)$ nimmt, abhängig von der zu übertragenden Information, im Bittakt die Werte ± 1 mit gleicher Wahrscheinlichkeit an (der Einfachheit halber wird angenommen, dass die Pulse rechteckig geformt sind). Die Trägerfrequenz f_T wird aus $r(t)$ extrahiert, indem das Empfangssignal zunächst quadriert wird:

$$
\begin{aligned}
r^2(t) &= a^2(t) \sin^2\left(2\pi f_T t + \vartheta\right) + n^2(t) \\
&\quad + 2a(t)n(t) \sin\left(2\pi f_T t + \vartheta\right) \\
&= \frac{a^2(t)}{2} - \frac{a^2(t)}{2} \cos\left[4\pi f_T t + 2\vartheta\right] + n^2(t) \\
&\quad + 2a(t)n(t) \sin\left(2\pi f_T t + \vartheta\right)
\end{aligned}
\tag{13.2-2}
$$

Der zweite Summand auf der rechten Seite von (13.2-2) hängt vom Doppelten der Trägerfrequenz ab und kann durch einen PLL, wie in Bild 13.2-1 dargestellt, ausgefiltert werden. Das Empfangssignal wird quadriert und anschließend bandpassgefiltert. Die quadrierte Trägerkomponente wird vom PLL getrackt und, nach einem Frequenzteiler, z.B. für den Demodulator verfügbar gemacht.

Die Schaltung gemäß Bild 13.2-1 bringt **zwei Probleme** mit sich:

(i) Durch das Quadrieren (13.2-2) werden sämtliche Phasenwinkel verdoppelt. Diese Operation verdoppelt natürlich auch Phasenrauschen und -jitter, sodass der PLL intern rauschanfällig wird.

(ii) Während der Akquisition des Trägers kann es zu einem Lock auf eine falsche Trägerfrequenz kommen ([Skl01], S. 445).

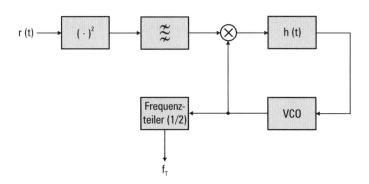

Bild 13.2-1: Trägerrückgewinnung für BPSK-Signale mit PLL

Ohne Quadrierer kommt die in Bild 13.2-2 gezeigte **COSTAS Loop** zur Demodulation von BPSK-Signalen aus.

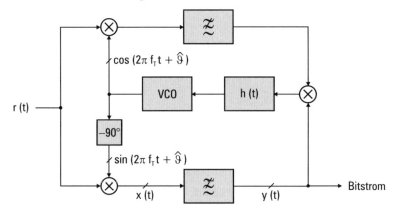

Bild 13.2-2: COSTAS Loop zur Demodulation von BPSK-Signalen

Mit (13.2-1) ergibt sich im unteren Loop-Zweig, wenn der Einfluss des Rauschens unbeachtet bleibt,

$$x(t) = r(t) \cdot \sin\left(2\pi f_T t + \hat{\vartheta}\right) \tag{13.2-3}$$

$$= a(t) \sin\left(2\pi f_T t + \vartheta\right) \sin\left(2\pi f_T t + \hat{\vartheta}\right)$$

$$= a(t) \left(-\frac{1}{2}\right) \left[\cos\left(4\pi f_T t + \vartheta + \hat{\vartheta}\right) - \cos\left(\vartheta - \hat{\vartheta}\right)\right],$$

wovon nach der Tiefpassfilterung noch

$$y(t) = \frac{1}{2}a(t)\cos\left(\vartheta - \hat{\vartheta}\right) \tag{13.2-4}$$

übrig bleibt. Arbeitet der PLL korrekt, wird $\hat{\vartheta} = \vartheta$ und der demodulierte Bitstrom kann abgegriffen werden.

Die Quadrierung wird durch die COSTAS Loop dadurch umgangen, dass das Signal in zwei Zweigen verarbeitet wird. Es entsteht natürlich so die Notwendigkeit, für einen Gleichlauf der beiden Zweige zu sorgen. Das ist aber insbesondere für eine digitale Realisierung kein Problem.

13.3 Taktableitung

Zur Demodulation muss im Empfänger nicht nur die Trägerfrequenz (bzw. die Phase), sondern auch der Symboltakt bekannt sein. Er wird aus dem Empfangssignal abgeleitet. Im Folgenden werden ein Open Loop und ein Closed Loop Verfahren zur Taktableitung betrachtet. Dabei gehen wir von einer BPSK-Modulation aus. Für andere Modulationsverfahren werden ähnliche Taktableitungen benutzt. Darüber hinaus setzen wir für die Taktableitung voraus, dass die Empfangssignale Zufallscharakter besitzen. Insbesondere müssen zur Taktableitung immer wieder einmal Symbolstrings der Länge 1 auftreten.

Bild 13.3-1 skizziert ein Beispiel für eine **Open Loop Taktableitung**. Dabei wird vorausgesetzt, dass zur Synchronisation ein spezielles Muster gesendet wird. Hinter dem auf das Muster eingestellte Matched Filter wird das Signal quadriert und bandpassgefiltert.

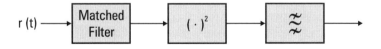

Bild 13.3-1: Beispiel für eine Open Loop Taktableitung

Bild 13.3-2 zeigt, von links beginnend, das empfangene BPSK-Signal, den Ausgang des Matched Filters (aus Rechtecken werden durch die Faltung mit sich selbst Dreiecke) und den Ausgang des Quadrierers. Das resultierende Signal enthält Spitzen, die - abgesehen von einer Laufzeitverzögerung - den Symbolübergängen im Eingangssignal entsprechen. Insbesondere enthält das Ausgangssignal des Quadrierers eine Komponente mit der Symbolfrequenz, die durch den Bandpass in Bild 13.3-1 ausgefiltert wird. Diese Komponente wird direkt zur Takterzeugung benutzt.

BPSK-Signal   Ausgang   Ausgang
                           Matched Filter   Quadrierer

Bild 13.3-2: Signalverläufe zur Open Loop Taktableitung

Aufwendiger erscheint das in Bild 13.3-3 wiedergegebene Beispiel einer **Closed Loop Taktableitung**, die in ihrer Grundstruktur der COSTAS Loop aus Bild 13.2-2 ähnelt. Closed Loop Verfahren sind darauf ausgerichtet, einen im Empfänger erzeugten Symboltakt mit dem ankommenden Signal zu synchronisieren.

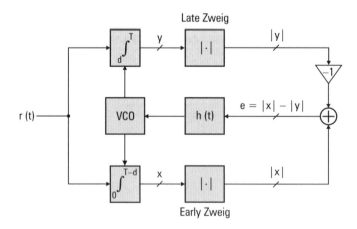

Bild 13.3-3: Beispiel für eine Closed Loop Taktableitung

In der Closed Loop Taktableitung werden zwei Integrale über eine Dauer, die (ca. 25 %) kürzer als ein Signalisierungsintervall ist, gebildet. Im (unteren) Early Zweig läuft die Integration über das Intervall $[0, T - d]$, im (oberen) Late Zweig über $[d, T]$. Über die Integrationsergebnisse x und y werden die Beträge gebildet. Die Differenz

$$e = |x| - |y| \qquad\qquad\qquad\qquad (13.3\text{-}1)$$

steuert über ein Schleifenfilter mit der Impulsantwort $h(t)$ einen VCO, mit dessen Hilfe gegebenenfalls der Symboltakt nachgeführt wird.

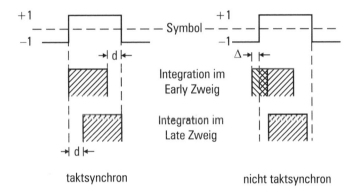

Bild 13.3-4: Integration bei der Closed Loop Taktableitung,
nach [Skl01, S.630]

Auf der linken Seite von Bild 13.3-4 ist skizziert, wie die Integrationen im Fall der Taktsynchronität zwischen lokal erzeugtem und im Signal vorhandenen Takt verlaufen: $|x|$ und $|y|$ sind gleich, sodass für den Fehler $e = 0$ folgt. Eine Veränderung des Taktes ist nicht notwendig. Die rechte Seite von Bild 13.3-4 zeigt das Verhalten der Integratoren für den Fall, dass die Schätzung des Taktbeginns einen zu frühen Wert liefert. Hier ist $|x| < |y|$, also $e < 0$. Der VCO muss daher den lokal erzeugten Taktanfang etwas nach hinten verschieben. Gilt $e > 0$, verschiebt der VCO den lokal erzeugten Taktbeginn nach vorn.

Bild 13.3-5 zeigt den Einfluss eines (stochastischen) Taktjitters für eine BPSK-Übertragung in weißem Rauschen. Die Kurven sind mit dem Parameter σ_e/T, d.h. dem Verhältnis der Streuung des Taktjitters zur Symboldauer parametrisiert.

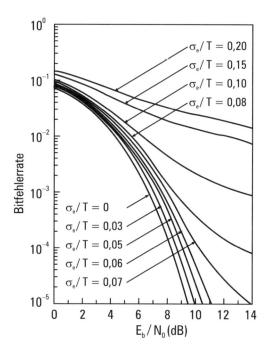

Bild 13.3-5: Bitfehlerrate bei BPSK (Kurvenparameter: Taktjitterstreuung im Vergleich zum Symboltakt), nach [Skl01, S.632]

Kapitel 14

Kanalentzerrung

Ein verzerrungsfreier Kanal bewirkt eine konstante Dämpfung und eine konstante Laufzeit des Signals auf seinem Weg vom Sender zum Empfänger (Abschnitt 3.1). Der Phasengang des Kanals ist in diesem Fall eine lineare Funktion der Frequenz f.

Der Mobilfunkkanal ist ein Mehrwegekanal (Abschnitt 3.4), der auch ohne Rauschen signifikante Bitfehlerraten produziert. Sein Verhalten wird häufig als Finite Impulse Response (FIR-) Filter modelliert. Dabei werden Pfade, deren Laufzeitdifferenz kleiner als $T = 1/B$ mit der Symbolrate T (bzw. der Kanalbandbreite B) ist, als nicht auflösbar angesehen. Das FIR-Kanalmodell zeigt Bild 14-1.

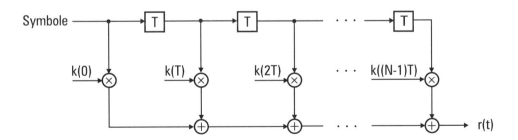

Kanalimpulsantwort: {k(nT); n=0, 1, ..., N−1}

Bild 14-1: FIR-Modell für den Mobilfunkkanal

14.1 Intersymbol-Interferenz (ISI)

Den Einfluss des Mobilfunkkanals auf die gesendeten Symbole verdeutlicht Bild 14.1-1 für den rauschfreien Fall.

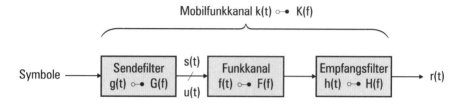

Bild 14.1-1: Einfluss des Mobilfunkkanals

Seine Übertragungsfunktion ist das Produkt der Übertragungsfunktionen von Sendefilter, (eigentlichem) Funkkanal und Empfangsfilter:

$$K(f) = G(f) \cdot F(f) \cdot H(f) \tag{14.1-1}$$

Das Sendesignal $s(t)$ lässt sich in der Form

$$s(t) = \mathrm{Re}\left\{u(t)e^{j2\pi f_T t}\right\} \tag{14.1-2}$$

schreiben (vergleiche (7.1-2)). Darin ist

$$u(t) = \sum_{n=0}^{\infty} A(nT)g(t - nT) \tag{14.1-3}$$

die komplexe Einhüllende von $s(t)$ (vergleiche (7.3-1)). $s(t)$ wird über den durch die Impulsantwort $f(t)$ charakterisierten Funkkanal übertragen und mit dem Empfangsfilter, dessen Impulsantwort $h(t)$ ist, gefiltert. Das empfangene Signal ist also

$$r(t) = \sum_{n=0}^{\infty} A(nT)g(t - nT) * f(t - nT) * h(t - nT)$$

$$= \sum_{n=0}^{\infty} A(nT)k(t - nT). \tag{14.1-4}$$

Durch Abtastung des Empfangssignals $r(t)$ zu den Zeitpunkten mT, $m \in \mathbb{N} \cup \{0\}$, ergibt sich

$$r(mT) = A(mT) + \underbrace{\sum_{n \neq m} A(nT)k((m-n)T)}_{\text{ISI}}. \qquad (14.1\text{-}5)$$

In (14.1-5) ist $A(mT)$ das übertragene Sendesymbol, während die Summe die **Intersymbol-Interferenz (ISI)** darstellt.

Ist die Übertragungsfunktion $K(f)$ des Mobilfunkkanals bekannt und zeitinvariant, kann sie im Prinzip leicht durch die Anwendung eines Filters mit der Übertragungsfunktion

$$C(f) = \frac{1}{K(f)} \qquad (14.1\text{-}6)$$

kompensiert werden. Der Mobilfunkkanal $K(t,f)$ ist aber ein zeitvariantes Filter. Daher werden im Empfänger **Kanalentzerrer** (Equalizer) eingesetzt, die den Einfluss von $K(t,f)$ weitgehend kompensieren.

14.2 Das Prinzip der Kanalentzerrung

Auf die Kanalentzerrung kann in dieser einführenden Darstellung nur prinzipiell eingegangen werden. Der interessierte Leser muss hier auf die Literatur (z.B. [Pro01, S.616-659]) verwiesen werden.

Der mobile Empfänger empfängt sein Signal in der Regel über verschiedene Wege (Bild 14.2-1). Für die analoge Funkübertragung folgen daraus die bekannten Dämpfungs- bzw. Verstärkungseffekte. Bei der digitalen Übertragung bedeutet die Mehrwegeausbreitung mit den damit verbundenen Laufzeitunterschieden, dass es zu ISI kommt. Die verschiedenen Pfade kommen durch Beugung, Reflexion und Streuung zustande.

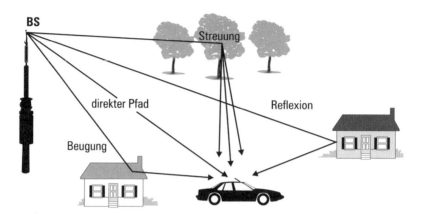

Bild 14.2-1: Mehrwegeausbreitung

Mit Hilfe der digitalen Signalverarbeitung gelingt es, die Mehrwegeausbreitung nutzbar zu machen: Wenn im Empfänger die Pfade zeit- bzw. phasenrichtig (d.h. kohärent) addiert werden, wird die in den Ausbreitungspfaden enthaltene Energie im Empfänger optimal genutzt. Um herauszubekommen, was kohärente Addition der Ausbreitungspfade bedeutet, muss der Kanal zunächst vermessen werden.

Dazu wird der Kanal als lineares und (jedenfalls zunächst einmal) zeitinvariantes Filter angesehen, das durch seine Impulsantwort $k(t)$ bzw. seine Übertragungsfunktion $K(f)$ eindeutig charakterisiert ist. Das Kanalausgangssignal ist also die Faltung des Eingangssignals mit der Kanalimpulsantwort.

Das prinzipielle Vorgehen bei der praktischen Kanalvermessung zeigt Bild 14.2-2. Wird ein weißes Rauschen $X(t)$ auf einen linearen zeitinvarianten Kanal gegeben, kann durch Auswertung der Kreuzleistungsdichte $\Phi_{XY}(f)$ zwischen Eingangssignal $X(t)$ und Ausgangssignal $Y(t)$ die Kanalübertragungsfunktion $K(f)$ bestimmt werden.

Da ein weißes Rauschen in der Realität nicht erzeugt werden kann, wird ein Pseudo Noise (PN-) Signal $x(t)$, das ähnliche Eigenschaften wie ein weißes Rauschsignal hat, im Gegensatz zu diesem aber deterministisch durch einen Rechner erzeugt wird, auf den Kanal geschickt. Bei der Kanalvermessung werden nun sowohl das Eingangssignal $x(t)$ als auch das Ausgangssignal $y(t)$

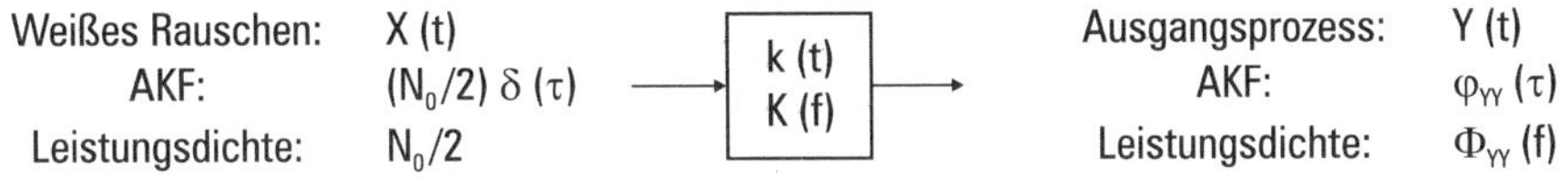

Weißes Rauschen:	X (t)		Ausgangsprozess:	Y (t)
AKF:	$(N_0/2)\,\delta(\tau)$	k (t) K (f)	AKF:	$\varphi_{YY}(\tau)$
Leistungsdichte:	$N_0/2$		Leistungsdichte:	$\Phi_{YY}(f)$

Kreuzleistungsdichteschätzung: $\hat{\Phi}_{xy}(f) = \hat{\Phi}_{xx}(f)\,K(f) = \dfrac{N_0}{2}K(f) \Rightarrow K(f) = \dfrac{2\hat{\Phi}_{xy}(f)}{N_0}$

Die KKF wird durch Sendung/Empfang eines "Rauschsignals" (Pseudo Noise Signal) geschätzt:

$$\frac{2}{N_0}\hat{\Phi}_{xy}(f) = \hat{K}(f) \circ\!\!-\!\!\bullet \hat{k}(t) = \frac{2}{N_0}\hat{\varphi}_{xy}(\tau)$$

Voraussetzung : Stationarität

Bild 14.2-2: Prinzipielles Vorgehen bei der Kanalvermessung

des Kanals als deterministisch angesehen. Dann sind aber auch $\hat{\Phi}_{xx}(f)$ bzw. $\hat{\Phi}_{xy}(f)$, die durch das PN-Signal bestimmte Approximation der Leistungsdichte $\Phi_{XX}(f)$ des weißen Rauschens bzw. die Schätzung der Kreuzleistungsdichte $\Phi_{XY}(f)$, deterministisch. Die Auswertung der Kreuzleistungsdichteschätzung $\hat{\Phi}_{xy}(f)$ führt damit auf eine **Schätzung $\hat{k}(t)$ der Kanalimpulsantwort** $k(t)$, mit deren Hilfe das über den Kanal übertragene Signal entzerrt werden kann.

Wie in Bild 14-1 bereits skizziert, wird der Mobilfunkkanal als FIR-Filter betrachtet. Dabei werden das Sendefilter (Impulsformer), der eigentliche Funkkanal und das Empfangsfilter gemäß (14.1-1) zu einer Übertragungsfunktion $K(f)$ zusammengefasst. Die zu übertragenden Symbole erzeugen am Kanalausgang das Signal $r(t)$.

Bild 14.2-3 beschreibt das Prinzip des Kanalentzerrers mit Entscheidungsrückführung (Decision Feedback Equalizer, DFE). Er tastet das Signal im Symboltakt T ab und verknüpft zur Schätzung des aktuell anliegenden Symbols den Abtastwert linear mit den vorhergehenden $N-1$ Empfangssymbolen. Damit wird das „Gedächtnis" des Kanals berücksichtigt. Im Fall der fehlerfreien Übertragung arbeitet auch der DFE fehlerfrei. Treten beim DFE jedoch Fehler auf, führt dies aufgrund von Speicherung und Rückkopplung zur Fehlerfortpflanzung.

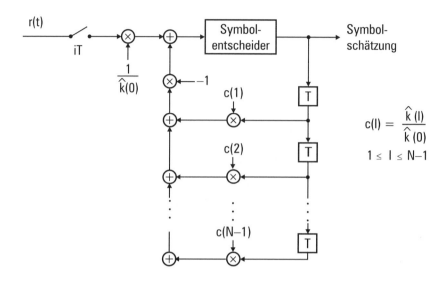

Bild 14.2-3: Kanalentzerrer mit Entscheidungsrückführung, Decision
Feedback Equalizer (DFE)

Dadurch, dass das Signal am Eingang des DFE mit $1/\hat{k}(0)$ multipliziert wird,
wird die Wahrscheinlichkeit für eine Fehlentscheidung unter dem Einfluss von
Störungen dann besonders groß, wenn $k(0)$ klein gegenüber anderen Werten
$k(1), k(2), \ldots, k(N-1)$ der Impulsantwort ist. Mit anderen Worten: Der DFE
arbeitet für Kanäle, deren Impulsantwort zum Zeitpunkt 0 einen Hauptim-
puls und daran anschließend Nachschwinger besitzt, zuverlässig. Für andere
Kanäle bekommt man die Problematik dadurch in den Griff, dass dem DFE
ein Transversalentzerrer, der als FIR-Filter aufgebaut wird, vorgeschaltet
ist.

Ein Problem der Kanalentzerrung ist mit den bisher angestellten Überlegungen noch nicht gelöst. So wie bisher diskutiert, arbeitet der DFE nur
unter stationären Verhältnissen. Genau diese Voraussetzung gilt für den Mobilfunkkanal aber nicht (Bild 14.2-1). Die Lösung dieses Problems besteht
darin, die Gültigkeitsdauer für die Kanalvermessung (beim GSM-Standard
auf etwa $500\,\mu s$) zu begrenzen. Eine Datenübertragung erfolgt dann, wie in
Bild 14.2-4 skizziert, durch **Bursts**, d.h. kurze Sendungen, die Daten- und
Kanalvermessungssymbole enthalten.

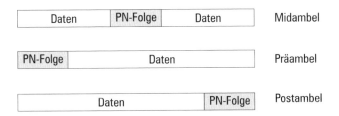

Bild 14.2-4: Burst-Strukturen

Der DFE arbeitet adaptiv, indem seine Parameter $c(n)$ durch Korrelation der empfangenen PN-Folge mit der im Empfänger bitgenau abgespeicherten gesendeten PN-Folge eingestellt werden. Mit der auf diesem Weg gefundenen Einstellung des DFE wird das zugehörige Datenpaket entzerrt.

Die Bursts, die eine Sendung aufbauen, werden entweder direkt nacheinander, mit Pausen dazwischen oder sogar unabhängig voneinander übertragen. Ob die Testfolge als Präambel, als Midambel (wie beim GSM) oder als Postambel übertragen wird, hängt von der konkreten Anwendung ab.

Kapitel 15

Netzwerke

Bis hierher drehte sich unsere Diskussion im Wesentlichen um eine Punkt-zu-Punkt Verbindung. Für Kommunikationssysteme spielt aber zunehmend der Begriff des Netzes, innerhalb dessen jeder Teilnehmer mit jedem anderen kommunizieren kann, eine Rolle. Beispiele für Kommunikationssysteme sind das Telefonnetz, das Internet oder das Rechnernetz eines Hochschulinstituts.

In **leitungsvermittelten Netzen** wird zwischen dem anrufenden Teilnehmer A und dem angerufenen Teilnehmer B eine physikalische Leitung geschaltet. Daher ist zu Beginn der Übertragung ein **Verbindungsaufbau** notwendig. Danach findet der **Informationsaustausch** statt. Über den **Verbindungsabbau** wird schließlich die von der Verbindung benutzte Ressource an das System zurückgegeben. In **paketvermittelten Netzen** suchen sich die Pakete ihren individuellen Weg durch das Netz vom Teilnehmer A zum Teilnehmer B. Damit die Pakete den gewünschten Teilnehmer erreichen, müssen sie seine Adresse enthalten. Darüber hinaus sind sie zur Kontrolle von Reihenfolge und Vollzähligkeit nummeriert.

15.1   Netze und Dienste

Kommunikationsnetze bestehen aus Endgeräten, Übertragungswegen, Übertragungseinrichtungen und Vermittlungseinrichtungen. Sie ermöglichen den Austausch von Information zwischen Endgeräten. Dabei werden immer auch die Erzeugung und der Austausch von Steuerinformationen notwendig.

Netze werden durch verschiedene Eigenschaften gekennzeichnet, z.B.

- **Netztopologie**
  Stern-, Baum-, Ring-, Maschen-Struktur

- **Kommunikationsrichtung**
  Einweg (Simplex, z.B. Rundfunk, Fernsehen),
  alternative Zweiwegkommunikation (Semiduplex, z.B. Flugfunk),
  simultane Zweiwegkommunikation (Vollduplex, z.B. Telefon)

- **Übertragungstechnik**
  analoge Netze, digitale Netze

- **Bandbreite**
  Schmalbandnetze, Breitbandnetze

- **Physikalischer Kanal**
  Kupferkabel, Koaxialkabel, Funk, Glasfaser

- **Vermittlungstechnik**
  Standleitung,
  leitungsvermittelte Netze,
  paketvermittelte Netze

- **Dienstintegration**
  dienstspezifische, dienstintegrierende Netze

- **Versorgungsgebiet**
  Local Area Networks (LANs),
  Wide Area Networks (WANs),
  Ortsnetze,
  Fernnetze.

Praktische Netze vereinigen in der Regel mehrere der o.g. Eigenschaften.

Kommunikationsdienste bieten dem Nutzer Übertragungsmöglichkeiten mit definierten Eigenschaften. Zu einem Dienst gehören Ablaufprotokolle, eine vom Netzwerkbetreiber garantierte Mindestgüte (QoS, Quality of Service) für die Übertragung, Grundmerkmale, die stets angeboten werden, sowie Zusatzmerkmale, die wahlweise verfügbar sind.

In modernen Telekommunikationsnetzen sind die Dienste nicht mehr an einen bestimmten Netztyp gebunden. Es findet mehr und mehr eine Diensteintegration statt, mit deren Hilfe dann z.B. Multimediakommunikation möglich wird.

Dienste werden beispielsweise durch folgende Eigenschaften charakterisiert:

- **Informationstyp**
  Sprache, Text, Daten, Standbild, Video

- **Kommunikation**
  Individualkommunikation, Verteilkommunikation

- **Kommunikationsrichtung**
  Monologdienste, Dialogdienste

- **Erforderliche Übertragungsraten bzw. Bandbreiten**

Tabelle 15.1-1 gibt Auskunft über Informationstypen und Übertragungsraten typischer Dienste.

Dienst	Informationstyp	typische Übertragungsrate (kbit/s)
Fernsprechen	Sprache	64
Stereo-Rundfunk	Sprache	768
Videotext	Text	2,4
Fax	Text/Grafik	2,4
Bild	Standbild	64
Fernsehen	Video	140000

Tabelle 15.1-1: Telekommunikationsdienste

Hier ist insbesondere auf eine strikte Trennung der Begriffe Übertragungsrate (gemessen in bit/s) und Bandbreite (gemessen in Hz) zu achten. Beide hängen (vergleiche z.B. Abschnitt 10.4), obwohl sie physikalisch identische Einheiten (s^{-1}) besitzen, nur locker zusammen. Dieser Zusammenhang wird u.a. durch das benutzte Modulationsverfahren mitbestimmt.

15.2 Das OSI-Schichtenmodell

Zur geeigneten Strukturierung komplexer Kommunikationsvorgänge hat die ISO (International Standardization Organization) das OSI- (Open Systems Interconnection) Schichtenmodell entwickelt. Dieses Modell gibt dem Entwickler eines Kommunikationssystems eine Handlungsanweisung in Form eines Rahmens an die Hand.

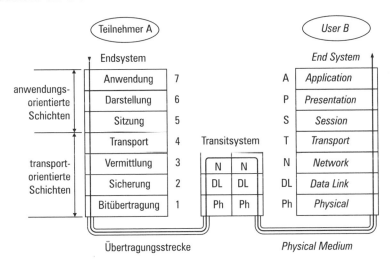

Bild 15.2-1: Das OSI-Schichtenmodell, [Ste01]

Bild 15.2-1 zeigt die verschiedenen Schichten mit den zugehörigen deutschen (Teilnehmer *A*, Sender) und englischen (User *B*, Receiver) Bezeichnungen. Zwischen Sender und Empfänger ist ein **Transitsystem**, in dem nur die unteren drei Schichten realisiert sind, dargestellt. Transitsysteme sind in der Regel in Netzknoten, in denen u.a. Vermittlungsfunktionen ablaufen, angesiedelt.

Im Folgenden werden die Aufgaben der einzelnen Schichten skizziert [Ste01]:

- **Anwendung (Application)**
  Diese Schicht führt den Teilnehmer (Mensch, Gerät, Prozess) an das Netz heran und bietet ihm einzelne Kommunikationsdienste (z.B. Sprachkommunikation, Bildkommunikation, e-mail) in ihrer Gesamtheit an.

Wenn der Teilnehmer am Mensch-Maschine-Interface globale Parameter wie Nennung der Kommunikationspartner, Dienstgüte oder Bestätigungsformen vorgibt, braucht er sich um die Ausführung der Dienste nicht mehr zu kümmern.

- **Darstellung (Presentation)**
  Diese Schicht bestimmt, in welcher Weise die von der Anwendung kommenden Nachrichten für die weitere Behandlung dargestellt werden, z.B. in welchem Format die Nachrichtenobjekte (Sprache, Texte, Bilder) aufbereitet sowie welche Kompressions- und Verschlüsselungsverfahren angewendet werden.

- **Sitzung (Session)**
  Diese Schicht, die auch als Kommunikationssteuerungsschicht bezeichnet wird, regelt alle Fragen bezüglich des zeitlichen Ablaufs des Dialogs oder bezüglich der Reihenfolge der Teilnehmer einer Sitzung gemäß einer vorher festgelegten Geschäftsordnung (z.B. Beginn und Ende, Unterbrechung, Wiederaufnahme).

- **Transport (Transport)**
  Diese Schicht besorgt den Ende-zu-Ende Transport von Nachrichten zwischen Teilnehmern, z.B. entscheidet sie, ob die anzuwendende Vermittlung verbindungsorientiert oder verbindungslos ablaufen soll. Sie legt nicht den Transportweg durch das Netz im Detail fest (das überlässt sie den darunterliegenden Schichten), sie regelt jedoch die Transporteigenschaften über alle Abschnitte des Verbindungsweges hinweg, wie z.B. Durchsatz, Restfehlerrate, Reihenfolge der Nachrichtenblöcke und Übertragungsverzögerungen.

- **Vermittlung (Network)**
  Diese Schicht bekommt die Zieladresse von oben mitgeteilt und bestimmt dann in Abhängigkeit von den verfügbaren Übertragungswegen und deren momentaner Auslastung den Weg der Nachricht durch das Netz (Wegewahl, Leitweglenkung, Routing). Dies kann auch etappenweise geschehen, bis die Zieladresse erreicht ist und der Empfänger zusammen mit der Nachricht erfährt, von welcher Ursprungsadresse die Nachricht abgesendet wurde. Weitere Funktionen sind Flusskontrolle durch Segmentieren, Multiplexen und Puffern von Nachrichten sowie die Koordinierung unterschiedlicher Teilnetze (internetworking).

- **Sicherung (Data Link)**

  Diese Schicht stellt eine gesicherte Verbindung bereit, indem sie die an sich störungsbehaftete Bitübertragung durch Kanal-Encodierung im Sender und Kanal-Decodierung im Empfänger (Fehlererkennung, Fehlerkorrektur) ergänzt. Außerdem führt sie Funktionen aus, die eine Punkt-zu-Punkt Verbindung aufbauen, überwachen und abbauen.

- **Bitübertragung (Physical)**

  Diese Schicht sorgt für die Übertragung der Nachrichten durch geeignete Signale und bildet den Übergang zur Übertragungsstrecke, die selbst nicht Bestandteil des OSI-Modells ist. Die Bitübertragungsschicht umfasst Vereinbarungen über mechanische, elektrische und logische Anschlussbedingungen (z.B. Steckverbinder, Spannungspegel, Taktfrequenz, Aktivierungszustand) sowie Angaben zum Übertragungsverfahren (z.B. Synchronisationsart, Signaldarstellung, Kommunikationsrichtung).

Das OSI-Referenzmodell beschreibt auf der Basis der sieben Schichten ein Gliederungsschema, das in **vertikaler Richtung** den Gesamtvorgang in einzelne von den jeweiligen Schichten zu erbringende **Dienste** zerlegt und in **horizontaler Richtung** die Beziehungen der Teilnehmer (schichtenweise) untereinander durch **Protokolle** regelt (Bild 15.2-2):

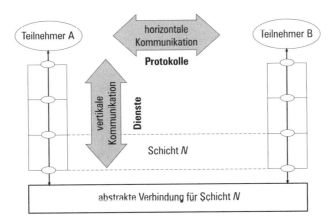

Bild 15.2-2: Vertikale und horizontale Kommunikation im OSI-Schichtenmodell, [Ste01]

Durch die Aufteilung des Kommunikationsvorgangs in **Dienste zwischen den Schichten** wird erreicht,

- dass durch die hierarchische Anordnung die Teilvorgänge nach unten immer elementarer werden, oder anders ausgedrückt, dass nach oben in jeder Schicht eine weitere Teilleistung zu den vorherigen hinzugefügt wird, sodass in der obersten Schicht der Vorgang vollständig ausgeführt ist,

- dass durch die Zusammenfassung gleichartiger Funktionen in derselben Schicht der Informationsfluss zwischen den Schichten möglichst gering wird,

- dass durch Entkopplung der Schichten über klare Schnittstellen Änderungen innerhalb einer Schicht sich nicht auf andere Schichten auswirken, wenn nur die Schnittstellen dieselben bleiben.

Protokolle zwischen den Teilnehmern sind drehbuchartige Beschreibungen der Abläufe zwischen den gleichen Schichten der Kommunikationspartner. Sie stellen sicher,

- dass die Partner derselben Schicht ihre Kommunikationsbeziehungen nach festgelegten Regeln abwickeln können,

- dass die Darstellung dieser Regeln nach Syntax (Lehre vom Satzbau) und Semantik (Lehre von der Wortbedeutung) von den Kommunikationspartnern verstanden wird.

Das Netz erbringt nicht nur Dienste und Funktionen, die schichtweise gegliedert sind: Es muss auch als Ganzes verwaltet werden. Diese Verwaltung übernimmt ein Netzmanagementsystem, das den Leistungsumfang und den Betriebszustand aller Schichten im Netz zusammenfasst. Aufgaben der Netzverwaltung sind die Auflistung der Betriebsmittel (Management Information Base, MIB), die Überwachung der Zustände der Betriebsmittel, die Signalisierung, die Behebung von Störungen sowie die Kostenabrechnung. Die Methoden der Netzverwaltung sind nicht einheitlich genormt. Es gibt Regeln im OSI-System (z.B. Common Management Information Protocol, CMIP), im TCP/IP-System (z.B. Simple Network Management Protocol, SNMP) und in herstellerspezifischen Systemen (z.B. NetView von Hewlett Packard, SunNetManager von SUN Systems).

15.3   Local Area Network (LAN-) Topologien

Computer, zwischen denen Datenverkehr besteht, müssen miteinander verbunden werden. Da die entstehenden Netze kompliziert und teuer werden, wenn jeder Computer mit jedem anderen über eine eigene Leitung verbunden wird (das führt auf $\frac{1}{2}N(N-1)$ Verbindungen), wurden Topologien entwickelt, die einen geringeren Verbindungsaufwand verursachen. Wir werfen hier einen Blick auf die gängigsten LAN-Topologien. Unter einem LAN wird dabei ein Netzwerk verstanden, das der lokalen Kommunikation (Gebäude, Institute) dient.

Bustopologie: Ethernet

Ein Ethernet LAN besteht aus einem einzigen Koaxialkabel (Ether = Äther), an das mehrere Computer angeschlossen werden. Die Länge des Kabels ist auf 500 m begrenzt und zwischen je zwei Anschlüssen muss ein Mindestabstand eingehalten werden.

Die Datenrate auf dem (Basis-)Ethernet beträgt 10 Mbit/s (Fast Ethernet 100 Mbit/s, Gigabit Ethernet 1 Gbit/s). Der Ethernetstandard legt sämtliche Einzelheiten (insbesondere z.B. das Paketformat) fest, mit denen die Computer über das Kabel (den Bus) senden.

Bild 15.3-1 zeigt die Bustopologie des Ethernet. Zu einem Zeitpunkt überträgt ein Computer eine Nachricht über den gesamten Bus, d.h. der sendende Computer nutzt das Übertragungsmedium zu diesem Zeitpunkt exklusiv. Der Zielcomputer empfängt die für ihn bestimmte Nachricht, die er an der im Paket enthaltenen Zieladresse erkennt. Ist das Paket übertragen, kann ein anderer Computer auf dem Bus senden.

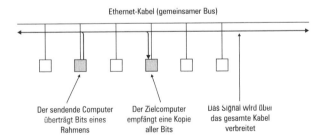

Bild 15.3-1: Bustopologie, Ethernet [Com98]

Ein Ethernet besitzt keinen zentralen Controller, der den Zugriff auf das Netz regelt. Alle Teilnehmer nutzen ein verteiltes Koordinationsschema, das CSMA (Carrier Sense Multiple Access) heißt. Ein an das Ethernet angeschlossener Computer, der ein Paket übertragen möchte, stellt zunächst fest, ob der Bus momentan benutzt wird. Ist das der Fall, wartet er mit seiner Übertragung bis das Kabel frei ist. Auf diesem Weg wird die Unterbrechung laufender Übertragungen verhindert.

Trotzdem kann es zu Paket-Kollisionen kommen: Wenn z.B. zwei Computer an den entgegengesetzten Enden des Kabels feststellen, dass das Medium nicht belegt ist, senden beide und die Pakete überlappen. Die an das Ethernet angeschlossenen Computer können solche Kollisionen erkennen, man spricht von Collision Detection und nennt das gesamte Verfahren CSMA/CD (Carrier Sense Multiple Access with Collision Detection). Nach einer Kollision warten die beteiligten Computer eine gewisse (für beide unabhängige) zufällige Zeit ab, bis sie einen erneuten Sendeversuch starten. So wird eine Kollisionsbehebung durchgeführt.

Ringtopologie: Token Ring und Fiber Distributed Data Interface (FDDI)

Ein als Ring ausgelegtes LAN verbindet zwei Computer über eine Schleife. Viele LANs mit Ringtopologie nutzen **Token-Passing** als Zugriffsmechanismus. Dabei sendet ein Computer nur dann ein Datenpaket, wenn ihm der Zugriff auf den Ring gestattet ist. Das abgeschickte Paket wird von Computer zu Computer weitergereicht (Bild 15.3-2(a)). Der Zielcomputer fertigt eine Kopie des Pakets für sich an und reicht es dann auch weiter. Schließlich kommt das Paket zum Sender zurück, der damit durch Vergleich feststellen kann, ob die Übertragung gestört war, und der das Paket aus dem Ring nimmt.

Die Koordination des Token Rings erfolgt durch den **Token**. Dabei handelt es sich um ein Bitmuster, das sonst auf dem Ring nicht auftreten kann. Es gibt auf dem Ring genau einen Token, der von Rechner zu Rechner weitergereicht wird. Kommt er bei einem Computer an, der gerade ein Paket absenden möchte, darf dieser das Paket senden. Danach muss er den Token weitergeben. Durch diesen Ablauf, der durch die Token Ring Hardware überwacht wird, ist sichergestellt, dass es auf dem Ring nicht zu Kollisionen kommt und dass der Zugriff auf das Medium fair erfolgt.

Die bekannteste Token Ring Variante stammt von der Firma IBM, sie arbeitet mit einer Datenrate von 16 Mbit/s.

Ein Nachteil des Token Rings besteht in seiner Anfälligkeit: Fällt ein Rechner aus, steht das gesamte LAN still. Dies ist insbesondere dann unnötig, wenn z.B. ein Rechner für Wartungs- oder Umbauzwecke aus dem Netz genommen werden muss. Diese Anfälligkeit zeigt FDDI (Fiber Distributed Data Interface) nicht. Darüber hinaus arbeitet ein FDDI-LAN mit einer Datenrate von 100 Mbit/s. Als Zugriffsmechanismus wird auch hier ein Token verwendet.

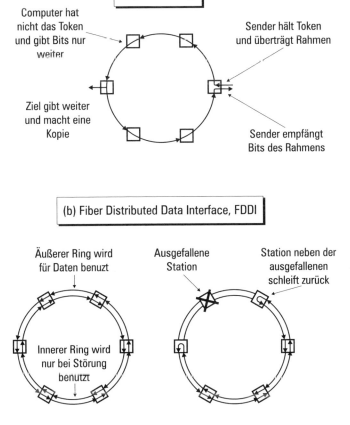

Bild 15.3-2: Ringtopologie

Der eigentliche Trick von FDDI besteht im Einbau von Hardware-Redundanz. Das LAN nutzt zwei Ringe (Bild 15.3-2(b), links): Die Daten werden im „äußeren" Ring wie beim Token Ring übertragen, während sie im „inneren" Ring genau in entgegengesetzter Richtung umlaufen. Der Vorteil wird deutlich, wenn ein am Ring liegender Rechner ausfällt. Dann wird über die zweite Leitung der Ring wieder geschlossen (Bild 15.3-2(b), rechts).

Sterntopologie: Asynchronous Transfer Mode (ATM)

In einem ATM-Netz sind alle Stationen direkt an einen elektronischen Vermittler (Switch) angeschlossen (Bild 15.3-3). Im Gegensatz zur Bus- oder zur Ringtopologie werden die zu übertragenden Datenpakete nicht über alle beteiligten Rechner transportiert. Der Switch verbindet vielmehr direkt Sender und Empfänger. Damit wird das Gesamtnetz weniger anfällig gegenüber Störungen. Fällt die Verbindung zwischen einem Computer und dem Switch aus, ist nur dieser Computer betroffen.

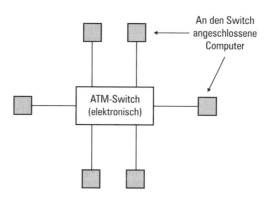

Bild 15.3-3: Sterntopologie: Asynchronous Transfer Mode (ATM),
[Com98]

Die Datenrate zwischen einem Computer und einem ATM-Switch liegt in der Regel bei 100 Mbit/s oder darüber. Damit ist klar, dass in ATM-Netzen normalerweise Glasfaserkabel als Verbindungsmedium genutzt werden. Da im ATM-Netz Vollduplex-Verbindungen eingesetzt werden, muss es zwischen Switch und Computer jeweils zwei Fasern geben.

Die ATM-Technologie zielte ursprünglich auf Wide Area Networks (WANs) ab. Durch ihre speziellen Merkmale konnte sie sich jedoch auch im LAN-

Bereich durchsetzen. ATM basiert auf einer speziellen Paketvermittlungstechnik, bei der sich die Pakete dahingehend von denen anderer Technologien unterscheiden, dass sie klein sind und eine feste Größe von 53 Byte haben (Bild 15.3-4), von denen 5 Byte für den Zellkopf und 48 Byte für die Nutzdaten reserviert sind. Wie bei anderen WAN-Technologien können mehrere ATM-Switches zu einem Netz verbunden werden.

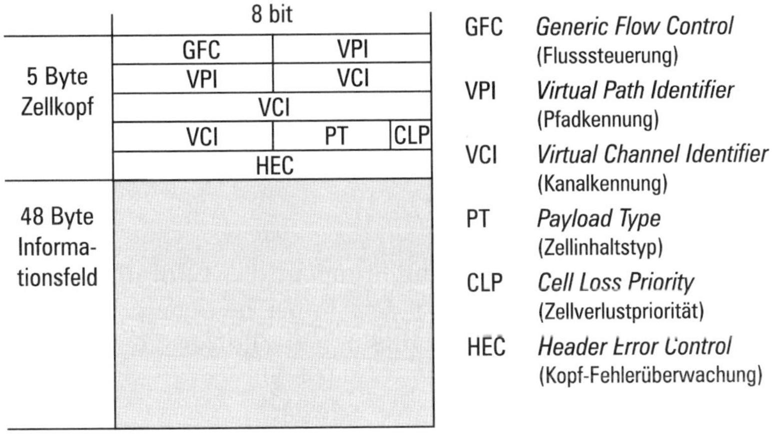

	8 bit		GFC	*Generic Flow Control* (Flusssteuerung)
	GFC	VPI		
5 Byte Zellkopf	VPI	VCI	VPI	*Virtual Path Identifier* (Pfadkennung)
	VCI			
	VCI	PT CLP	VCI	*Virtual Channel Identifier* (Kanalkennung)
	HEC			
48 Byte Informationsfeld			PT	*Payload Type* (Zellinhaltstyp)
			CLP	*Cell Loss Priority* (Zellverlustpriorität)
			HEC	*Header Error Control* (Kopf-Fehlerüberwachung)

Bild 15.3-4: ATM-Paket

ATM wurde zur Unterstützung verschiedener Dienstklassen ausgelegt. Das vorangige Merkmal dieser Technologie ist die Integration verschiedener digitaler Dienste in einem Breitbandnetz (B-ISDN). Dieses Merkmal ist in erster Linie für den stark wachsenden Multimediamarkt interessant, der insbesondere durch kurze Verzögerungszeiten bei minimalem Jitter und durch hohe Übertragungsraten charakterisiert ist.

Kapitel 16

Global System for Mobile Communications

Dieses Kapitel stellt eine **kurze** Einführung in das **Global System for Mobile Communications (GSM)** dar, wobei besonderer Wert auf die Diskussion seiner Luftschnittstelle (Funkschnittstelle, air interface, radio interface) gelegt wird.

GSM ist die zur Zeit weltweit am häufigsten genutzte Mobilfunktechnik. Die damit aufgebauten Systeme sind **zellulare Netze**. Zur Bildung dieses Netztyps kommt es aus zwei Gründen:

1. Frequenzen stellen eine begrenzte Ressource dar, d.h. einem Funksystem kann nur ein endlicher Satz an Frequenzen bzw. eine endliche Bandbreite im elektromagnetischen Spektrum zur Verfügung gestellt werden.

2. Die Reichweite elektromagnetischer Wellen, deren Frequenz größer als 30 bis 40 MHz ist, ist stark begrenzt.

Diese beiden Voraussetzungen werden in einem zellularen Netz kombiniert. Der Versorgungsbereich des Netzes wird in Funkzellen aufgeteilt, in denen jeweils nur eine Untermenge der insgesamt verfügbaren Frequenzen benutzt wird. Durch die Reichweitenbegrenzung wird die erneute Verwendung der Frequenzen in entfernten Zellen möglich, ohne dass es zu nicht beherrschbaren Störungen kommt.

Für theoretische Überlegungen und zu deren Veranschaulichung wird häufig ein Muster gleich großer sechseckiger Zellen, mit denen das Versorgungsgebiet gepflastert wird, betrachtet. Eine wesentliche Größe für diese Betrachtungen ist der Frequenzwiederholfaktor bzw. die Clustergröße k (Bild 16-1).

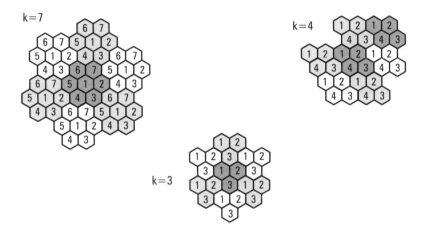

Bild 16-1: Zellulare Funksysteme: Frequenzwiederholfaktor und Clusterbildung

16.1 GSM Systemparameter

Dem GSM sind europaweit zwei Frequenzbänder zugeteilt:

- 890 bis 915 MHz für den Uplink, d.h. für die Verbindung vom Teilnehmer (Mobile, Handy) zur Feststation (Base Transceiver Station, BTS).

- 935 bis 960 MHz für den Downlink, d.h. für die Verbindung von der BTS zum Teilnehmer.

Bemerkungen:

(i) Da die genannten Frequenzen in ganz Europa genutzt werden, kann der Teilnehmer in allen diesen Ländern „roamen" (umherwandern). An seinem Aufenthaltsort bucht er sich in das System eines dort ansässigen Netzbetreibers (durch Einschalten seines Handys) ein. Haben dieser Betreiber und der Netzbetreiber seines Heimatnetzes ein Roaming-Abkommen getroffen, kann er sofort telefonieren.

(ii) Das GSM nutzt die FDD (Frequency Division Duplex) Technik. Es handelt sich also um ein Netz, in dem Vollduplex-Betrieb stattfindet. Der Abstand der Duplexkanäle ist exakt 45 MHz.

(iii) Der Kanalabstand im GSM ist 200 kHz. Über die 200 kHz breiten Kanäle wird mit einer Datenrate von 270,833 kbit/s übertragen. Daraus folgt eine spektrale Effizienz (vergleiche Abschnitt 10.4) von 1,3 bit/s/Hz. Die GSM-Frequenzzuteilung in Deutschland (Stand März 2006) zeigt Tabelle 16.1-1.

Frequenzband	Uplink (MHz)	Downlink (MHz)	Kanalnummer	Nutzer	Bemerkungen
GSM900R	876,2 - 880,0	921,2 - 925,0	955 - 974		
			955 - 974	Deutsche Bahn AG	nicht öffentlich
GSM900E	880,2 – 889,8 890,0	925,2 – 934,8 935,0	975 - 1023 0		
			975 - 999	e-plus	ab 04.2006
			1000 - 1023 0	O$_2$	ab 04.2006
GSM900	890 – 914,8	935,2 – 959,8	1 - 124		
			1 - 12	vodafone	
			13 - 49	T-Mobile	
			50 - 80	vodafone	
			81 - 102	T-Mobile	
			103 - 121	vodafone	
			122 - 124	T-Mobile	
GSM1800	1710,2 – 1784,8	1805,2 – 1879,8	512 - 885		
			512 - 586		reserviert für andere Anwendungen
			587 - 611	T-Mobile	
			612 - 636	O$_2$	bis 01.2007
			637 - 723	O$_2$	
			724		nicht zugeteilt
			725 - 751	vodafone	
			752 - 776	e-plus	bis 01.2007
			777 - 863	e-plus	
			864 - 885		reserviert für andere Anwendungen

Tabelle 16.1-1: GSM-Frequenzzuteilung in Deutschland (Stand: März 2006)

(iv) In den USA werden die Frequenzen zwischen 1850 MHz und 1910 MHz für den GSM-Uplink und die Frequenzen zwischen 1930 MHz und 1990 MHz für den GSM-Downlink benutzt.

Das GSM überträgt Sprache und Signalisierungsinformation voll digital. Als Modulationsverfahren kommt Gauß'sches Minimum Shift Keying (Abschnitt 7.6) zum Einsatz. Der wesentliche Dienst ist Sprachübertragung mit einer Netto-Datenrate (Nutzdatenrate) von 13 kbit/s, daneben werden Datendienste mit 2,4 bis 9,6 kbit/s Nutzdatenrate angeboten. Auf jedem Frequenzkanalpaar (Up- und Downlink) sind durch das dort zum Einsatz kommende TDMA-Verfahren (Abschnitt 12.2) gleichzeitig bis zu acht Gespräche möglich. Kanalentzerrer (Kapitel 14) kompensieren empfängerseitig Mehrwege mit Verzögerungszeiten von bis zu 16 μs. Optional ist Frequency Hopping (FH) zur Minimierung von Störungen durch frequenzselektives Fading vorgesehen. Zum sparsamen Umgang mit der Batterieenergie der Mobiltelefone wird Voice Activity Detection/Discontinuous Transmission (VAD/DTX) eingesetzt. VAD/DTX nutzt die Tatsache, dass bei Telefongesprächen der Zeitanteil, in dem wirklich gesprochen wird, kleiner als 50 % ist. Es findet nur dann Übertragung statt, wenn wirklich Sprache auf der Strecke ist. Schließlich ist der Empfänger im „Sleep Mode" nur dann eingeschaltet, wenn er von der BTS die Übertragung von Paging Blöcken erwartet.

Die Übertragungsrate von 270,833 kbit/s entspricht einer Bitdauer von genau 3,69 μs. Die Übertragung erfolgt in Bursts fest vorgegebener Struktur (Abschnitt 16.2). Die Übertragung zwischen Up- und Downlink ist um 3 Zeitschlitze plus 64 bit versetzt (Bild 16.1-1). Der Zellradius um eine BTS kann im GSM900 bis zu 35 km betragen. Die Laufzeit der Übertragung über diese Entfernung kann das System gerade noch ausregeln.

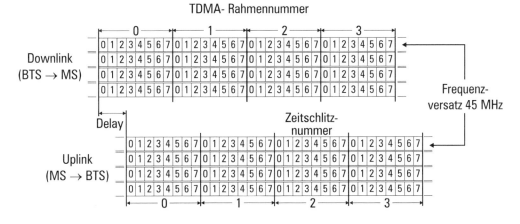

Bild 16.1-1: Duplexabstand in Frequenz und Zeit

16.2   Die logischen Kanäle im GSM

Wie bereits erwähnt, wird im GSM Sprache voll digital übertragen. Bild 16.2-1 macht die Datenraten innerhalb der Signalverarbeitung deutlich:

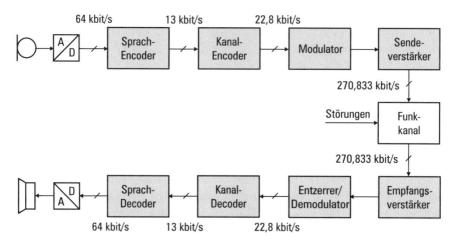

Bild 16.2-1: GSM, Übertragungssystem und Datenraten

- Das Signal wird mit einer **Abtastrate** von **8 kHz** bei einer **A/D-Wandlerauflösung** von **8 bit** abgetastet. Das führt auf eine Datenrate von **64 kbit/s**.

- Der **Sprach-Encoder** führt eine Quellencodierung durch und reduziert damit den Datenstrom auf die **Nettodatenrate** von **13 kbit/s**. Auf das für die Sprachcodierung benutzte Verfahren und auch auf den Einsatz von Halbraten-Codecs soll hier nicht näher eingegangen werden (vergleiche hierzu [DB96]).

- Der **Kanal-Encoder** fügt dem Nettodatenstrom wieder Redundanz hinzu und erzeugt so die **Bruttodatenrate** von **22,8 kbit/s**. Auch das Kanalcodierverfahren kann hier nicht besprochen werden.

- Da die eigentliche Übertragung innerhalb der TDMA-Zeitschlitze um den Faktor 8 komprimiert erfolgt und weil noch weitere für die Übertragung notwendige Information (z.B. die Midambel zur Kanalvermessung) übertragen werden muss, ist die **Datenrate auf dem Funkka-nal** mit **270,833 kbit/s** deutlich größer als die Bruttodatenrate des einzelnen Nutzers.

Die Funkverbindung des Uplinks benötigt die unteren drei Schichten des OSI-Schichtenmodells (Abschnitt 15.2):

Schicht 1: Bitübertragung

Die notwendigen Funktionen für den Transport von Bitströmen über den physikalischen (Funk-)Kanal werden unterstützt.

Schicht 2: Sicherung

Schicht 2 bietet eine Anzahl logischer Kanäle an, im Wesentlichen Verkehrs-kanäle und Signalisierungskanäle. Weiterhin sichert sie die Übertragung der Information.

Schicht 3: Vermittlung

Die wesentliche Aufgabe der Schicht 3 besteht darin, Verbindungen zwischen dem öffentlichen Festnetz und einem mobilen Teilnehmer herzustellen, auf-rechtzuerhalten und zu beenden.

Bemerkung:

Obwohl es trivial ist, ist es vielen Nutzern nicht bewusst, dass ein Mobilfunk-netz eigentlich nicht mehr als ein Zugangsnetz zum Festnetz ist. Funküber-tragung findet (abgesehen von in das Festnetz integrierten Richtfunkstrecken) nur zwischen der Mobilstation und der momentan für sie zuständigen BTS statt!

Auf den **Verkehrskanälen** findet Sprach- oder Datenübertragung statt. Die zugehörigen Übertragungsraten wurden bereits genannt.

Im Folgenden gehen wir kurz auf die verschiedenen Signalisierungskanäle ein:

Der **Broadcast Control Channel (BCCH)** überträgt die Grundinfor-mation, die von der **Mobilstation (MS)** benötigt wird, um mit der BTS kommunizieren zu können. Der BCCH umfasst den **Frequency Control Channel (FCCH)** und den **Synchronization Channel (SCH)**. Mit Hilfe des FCCH führt die MS die Frequenzsynchronisation durch. Über den SCH wird die MS bitgenau synchronisiert. Damit wird die Laufzeit, die durch die Entfernung zwischen BTS und MS auftritt, ausgeglichen (die MS sendet so, dass ihr Burst zum TDMA der BTS passend dort ankommt, Time Alignment). Danach kann die MS den BCCH auswerten.

Die von der BTS in ihrer Funkzelle auf dem BCCH gesendeten Informationen

- lassen die eindeutige Identifizierung des aktuellen Netzes, der Location Area und der Zelle durch die MS zu,

- gestatten das Einbuchen und die Messung von Zielzellen für ein mögliches Handover,

- beschreiben die aktuelle Kontrollkanalstruktur,

- ermöglichen die Benutzung des **Random Access Channel (RACH)** und

- beschreiben die in der Zelle genutzten Optionen des GSM Standards (z.B. Power Control, FH, VAD/DTX).

Im BCCH findet nur eine Kommunikation von der BTS zur MS statt (Simplexbetrieb). Zur bidirektionalen Kontrolle kommt es erst, wenn für die aktuelle Verbindung ein Stand Alone Dedicated Control Channel (SDCCH) geschaltet ist.

Ein **Common Control Channel (CCCH)** dient der eigentlichen Verbindungsaufnahme. Wird das Gespräch durch die MS initiiert (Mobile Originated Call, MOC), erfolgt der Anrufaufbau über den RACH. Dabei sendet die MS nach einem Zufallszugriffsverfahren ihren Random Access Burst an die BTS, die dann ihrerseits über den **Access Grant Channel (AGCH)** die Zuteilung eines Signalisierungskanals für den weiteren Anrufaufbau veranlasst.

Wird der Mobilteilnehmer angerufen, d.h. wird das Gespräch vom Netz her aufgebaut (Mobile Terminated Call, MTC), wird die MS über den **Paging Channel (PCH)** gerufen. Die MS beantwortet den Ruf wieder über den RACH und der weitere Anrufaufbau verläuft wie beim MOC.

Der **Stand Alone Dedicated Control Channel (SDCCH)** erlaubt es, bis zu acht Signalisierungsverbindungen (bidirektional) über einen Zeitschlitz abzuwickeln.

Abhängig von der Signalisierungsgeschwindigkeit gibt es zwei **Associated Control Channels (ACCHs)**, nämlich den **Slow Associated Control Channel (SACCH)** und den **Fast Associated Control Channel (FACCH)**.

Physikalisch werden die ACCHs auf demselben Kanal wie die **Traffic Channels (TCHs)** übertragen. Der SACCH überträgt im Wesentlichen Messergebnisse (Laufzeiten, Feldstärken, . . .) zwischen BTS und MS. Der FACCH wird benutzt, wenn eine „schnelle" Signalisierung stattfinden muss. Das ist z.B. bei der Zuteilung eines TCHs oder beim Handover zwischen zwei BTSs notwendig. Durch Setzen der **Stealing Flags** im Burst eines TCHs wird diesem die volle Kapazität entzogen (gestohlen) und statt der Sprachübertragung findet in diesem Burst die Übertragung von Signalisierungsinformation statt.

Die Beziehungen zwischen den verschiedenen logischen Kanälen im GSM sind in Bild 16.2-2 skizziert.

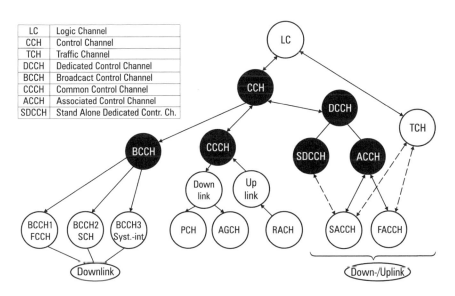

LC	Logic Channel
CCH	Control Channel
TCH	Traffic Channel
DCCH	Dedicated Control Channel
BCCH	Broadcast Control Channel
CCCH	Common Control Channel
ACCH	Associated Control Channel
SDCCH	Stand Alone Dedicated Contr. Ch.

Bild 16.2-2: Die logischen Kanäle im GSM, nach [Pre94]

16.3   Zeitschlitze und Rahmen

Ein Zeitschlitz dauert im GSM 577 μs, entsprechend 156,25 bit. Die Aussendung während des Zeitschlitzes wird als **Burst** bezeichnet. Bild 16.3-1 zeigt den Verlauf eines GSM-Normalbursts im Zeitbereich anhand der vorgegebenen Pegelmaske sowie sein Spektrum.

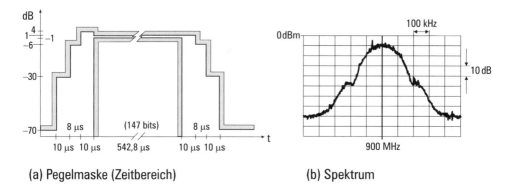

(a) Pegelmaske (Zeitbereich)   (b) Spektrum

Bild 16.3-1: GSM-Normalburst

Das GSM unterscheidet fünf Bursttypen. Es gibt

- den Normalburst (NB),

- den Frequenzkorrekturburst (FB),

- den Synchronisationsburst (SB),

- den Dummy Burst (DB) und

- den Access Burst (AB).

Die Bursttypen sind in Bild 16.3-2 wiedergegeben.

Am Beispiel eines MOC diskutieren wir den Einsatz der unterschiedlichen Bursttypen: Nachdem der Mobilfunkteilnehmer sein Mobiltelefon eingeschaltet hat, führt dieses im GSM (Downlink) Frequenzbereich Pegelmessungen durch. Über die von der BTS gesendeten Frequenzkorrekturbursts synchronisiert sich die MS auf die Frequenz der BTS und wertet anschließend den Synchronisationsburst aus.

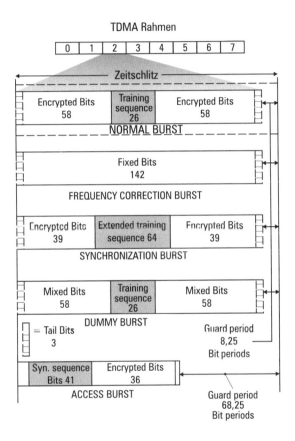

Bild 16.3-2: Bursttypen im GSM

Daraus erkennt die MS die zeitliche Lage des TDMA Rahmens und sie kann feststellen, ob sie sich mit ihrer Subscriber Identity Module (SIM-) Card in das Netz, zu dem die BTS gehört, einbuchen darf. Ist sie eingebucht, sendet die MS einen Access Burst, wenn sie mit der Signalisierung für einen Anrufaufbau beginnen will. Während des laufenden Gesprächs erfolgt die Signalisierung über die Normal Bursts (FACCH, SACCH), mit denen natürlich auch die Sprachinformation übertragen wird.

Der Dummy Burst wird auf dem physikalischen Träger des BCCH ausgesendet, wenn über den BCCH auf dem aktuellen Zeitschlitz keine Information übertragen wird. Auf dem physikalischen BCCH-Träger muss in sämtlichen acht Zeitschlitzen kontinuierlich gesendet werden, weil sich auf diesen Sendungen Messungen in der eigenen Zelle abstützen, die den Empfangspegel der in den Nachbarzellen vorhandenen MSs ermitteln. Der Dummy Burst hat eine feste Bitstruktur, mit der jedoch keine Inhalte übertragen werden.

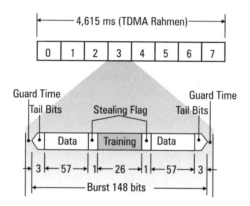

Bild 16.3-3: Struktur des GSM Normalbursts

Den Aufbau eines Normalbursts zeigt Bild 16.3-3. Er ist in seiner Struktur auf eine zeitliche Auflösung von einem Viertel Bit genau vorgegeben und enthält zweimal 57 verschlüsselte Nutzdatenbits. Die zwischen diesen beiden Blöcken liegende Trainingssequenz (26 Bits) dient der Kanalvermessung, d.h. der Einstellung des empfangsseitigen Entzerrers. Zwischen der Trainingssequenz und den beiden Nutzinformationsblöcken liegt je ein Stealing Flag, mit dem angezeigt wird, ob der Burst tatsächlich Nutzinformation oder ob er Signalisierungsinformation enthält.

Die jeweils auf der anderen Seite der Nutzinformationsblöcke liegenden drei Tail Bits dienen dem Ausgleich von Umwegelaufzeiten. Die Guard Times (8,25 Bits) garantieren den Schutz vor Überschwingern des Sendesignals, die beim Hoch- und Heruntertasten des Senders entstehen.

Acht aufeinanderfolgende Zeitschlitze bilden einen 4,615 ms langen **TDMA Rahmen**. Die TDMA Rahmen werden in Abhängigkeit von der zu übertragenden Information zu **Multirahmen** zusammengefasst. Für die Übertragung von Signalisierungsinformation bilden 51 Rahmen einen Multirahmen (Dauer: 235,4 ms), bei der Übertragung von Nutzinformation besteht der Multirahmen aus 26 TDMA Rahmen (Dauer: 120 ms). Aus 51 Multirahmen (TCH, SACCH, FACCH), bestehend aus jeweils 26 Rahmen, wird in der darüberliegenden Struktur ein **Superrahmen** aufgebaut. Der Superrahmen für die Übertragung von Signalisierungsinformation besteht aus 26 Multirahmen zu jeweils 51 TDMA Rahmen.

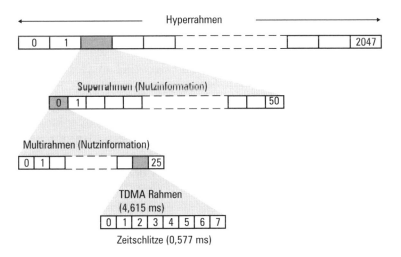

Bild 16.3-4: Rahmenstruktur im GSM (hier bei der Übertragung von Nutzinformation)

Über dem Superrahmen liegt noch der aus 2048 Superrahmen aufgebaute **Hyperrahmen**, dessen Wiederholperiode 3 Std, 28 min, 53 s, 760 ms ist. Diese lange Wiederholperiode wird für den im GSM benutzten Verschlüsselungsalgorithmus benutzt. Bild 16.3-4 stellt die Rahmenstrukturen im GSM zusammen.

16.4   Die Architektur eines GSM Netzes

Ein GSM Netz besteht einerseits aus der fest installierten **Infrastruktur** (das ist das „Netz") und andererseits aus den Mobilfunkteilnehmern, die über die Luftschnittstelle mit dem Netz verbunden sind und so die Dienste des Netzes in Anspruch nehmen können.

Die Infrastruktur selbst ist in drei **Subsysteme** aufgeteilt:

- das Base Station Subsystem BSS,

- das Switching and Management Subsystem SMSS und

- das Operation and Maintenance Subsystem OMSS.

Zu jeder Mobilstation gehört neben dem eigentlichen Gerät das **Subscriber Identity Module (SIM)**, das normalerweise als Chipkarte in das Gerät hineingesteckt wird. Neben der Gerätekennung (International Mobile Equipment Identity, IMEI) besitzt der Nutzer die Teilnehmerkennung (International Mobile Subscriber Identity, IMSI) sowie seine Rufnummer (Mobile Station ISDN Number, MSISDN), die beide im SIM gespeichert sind. Mobilfunkgeräte werden durch Einstecken des SIMs über IMSI und MSISDN also dem Nutzer zugeordnet, wodurch eine Trennung von Nutzermobilität und Gerätemobilität erreicht wird. Durch die normierte Schnittstelle zwischen SIM und Gerät wird internationales Roaming erst möglich.

Darüber hinaus erfüllt das SIM noch die folgenden Aufgaben:

- Speicherung kryptographischer Algorithmen, mit deren Hilfe Authentifizierung und Nutzdatenverschlüsselung durchgeführt werden.

- Speicherung eines Telefonbuchs mit Kurzwahlliste.

- Speicherung von Kurznachrichten und Gebühreninformationen.

Das SIM, und damit das Mobilgerät, ist gegen missbräuchliche Verwendung durch eine vierstellige PIN (Personal Identification Number) gesichert.

Bild 16.4-1 zeigt die Komponenten eines GSM Netzes. Jede Funkzelle wird von einer BTS abgedeckt. Sie stellt die Frequenzkanäle für Signalisierung und Nutzverkehr zur Verfügung. Die BTS ermöglicht die Anbindung des mobilen Teilnehmers an die Infrastruktur. Sie besitzt neben dem Radiofrontend nur einige wenige Komponenten zur Signal- und Protokollverarbeitung. Zum Beispiel werden in der BTS die Kanalencodierung (für den Downlink) und die Kanaldecodierung (für den Uplink) durchgeführt. Die wesentliche Steuerungs- und Protokollintelligenz liegt im zugeordneten Base Station Controller (BSC), der beispielsweise das Handover-Protokoll abwickelt.

Mehrere BTSs können von einem BSC gesteuert werden. Jeder BTS ist ein eigener Satz von Funkkanälen zugeteilt (vergleiche auch Bild 16-1).

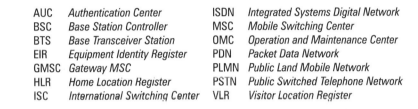

AUC	*Authentication Center*	ISDN	*Integrated Systems Digital Network*
BSC	*Base Station Controller*	MSC	*Mobile Switching Center*
BTS	*Base Transceiver Station*	OMC	*Operation and Maintenance Center*
EIR	*Equipment Identity Register*	PDN	*Packet Data Network*
GMSC	*Gateway MSC*	PLMN	*Public Land Mobile Network*
HLR	*Home Location Register*	PSTN	*Public Switched Telephone Network*
ISC	*International Switching Center*	VLR	*Visitor Location Register*

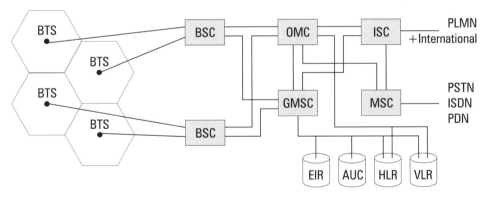

Bild 16.4-1: GSM Netz

An der Luftschnittstelle werden sowohl Signalisierungskanäle als auch Verkehrskanäle (Abschnitt 16.3) bereitgestellt. Für die Verkehrskanäle umfasst das **Base Station Subsystem (BSS)** im Wesentlichen alle Funktionen der Schicht 1 des OSI-Modells.

Das **Switching and Management Subsystem (SMSS)** enthält die Mobilvermittlungszentren und die Datenbanken, die die zur Vermittlung und Diensterbringung notwendigen Daten speichern. Der Vermittlungsknoten (Mobile Switching Center, MSC) eines GSM Netzes erfüllt alle Funktionen eines Festnetzvermittlungsknotens (z.B. Wegesuche, Signalwegschaltung, Dienstmerkmalsbearbeitung) und berücksichtigt darüber hinaus die Zuteilung und die Verwaltung der Funkressourcen sowie die Mobilität der Teilnehmer. Im MSC werden die Aufenthaltsorte der Teilnehmer und Handover beim Wechsel der Funkzelle registriert. Ein GSM Netz kann mehrere MSCs besitzen, die BSCs und die BSSs sind jeweils genau einem MSC zugeordnet. Der Anschluss an das Festnetz erfolgt über bestimmte GMSCs (Gateway MSCs).

In einem GSM Netz existieren mehrere Datenbanken: Zunächst gibt es in der Regel ein zentrales **Home Location Register (HLR)** und zu jedem MSC ein **Visitor Location Register (VLR)**. Im HLR ist jeder Teilnehmer und jede Mobil-ISDN-Rufnummer registriert, die in dem Netz „beheimatet" ist. Die permanenten Daten und relevanten temporären Daten aller registrierten Teilnehmer werden dort gespeichert. Hierzu gehören insbesondere die abonnierten Dienste und Berechtigungen sowie ein Verweis auf den momentanen Aufenthaltsort der MS. Das HLR wird zur Wegesuche für Rufe an von ihm verwaltete Teilnehmer benötigt.

Das VLR speichert die Daten aller MSs, die sich momentan im Verwaltungsbereich des zugehörigen MSCs aufhalten. Ein VLR kann für das Gebiet eines oder mehrerer MSCs verantwortlich sein. MSs können sich frei bewegen (Roaming) und damit in jedem VLR ihres Heimatnetzes eingebucht sein. Sofern ein Roamingabkommen zwischen den Betreibern besteht, ist auch ein Einbuchen in VLRs fremder Netze möglich. Eine MS startet dazu jeweils beim Betreten einer „Location Area" eine Registrierungsprozedur. Das vor Ort zuständige MSC leitet dabei die Identität der MS und ihre momentane Location Area ID an das VLR weiter, das diese Werte in seine Datenbasis einträgt und damit die MS registriert. Wenn die MS vorher nicht in diesem VLR registriert war, wird ihr HLR über ihren aktuellen Aufenthaltsort informiert. Dabei werden Informationen an das HLR übergeben, die die Wegesuche für Rufe an diese MS ermöglichen.

Der laufende Netzbetrieb wird durch das **Operation and Maintenance Subsystem (OMSS)** überwacht. Dessen Zentrale ist das **Operation and Maintenance Center (OMC)**, das die Steuerung des Systems ausführt:

- Verwaltung und kommerzieller Betrieb (Teilnehmer, Endgeräte, Abrechnungen)

- Sicherheitsmanagement

- Netzkonfiguration, Netzbetrieb und Performance Management

- Wartungsarbeiten

Die Netzwerkkontrolle obliegt einem (oder in größeren Netzen mehreren) **Network Management Center (NMC)**. Die Verwaltung vertraulicher Daten und kryptographischer Schlüssel erfolgt im **Authentication Center (AUC)**. Im Geräteregister **EIR (Equipment Identity Register)** werden die (herstellerabhängigen) Seriennummern (IMEIs) sämtlicher Endgeräte gespeichert, sodass jedem als gestohlen gemeldeten Gerät der Netzzugang gesperrt werden kann.

Kapitel 17

Mobilfunk der dritten Generation

Mit der Einführung der Mobilfunksysteme der dritten Generation kam es zu einem Qualitätssprung. Bei Datenraten von bis zu 2 Mbit/s wird dem Teilnehmer wie im Festnetz eine bestimmte Übertragungsgüte (Quality of Service, QoS), die durch Parameter wie die Bitfehlerrate oder die Verzögerungszeit der Übertragung festgelegt ist, zugesichert. Der entstehende Verkehr belastet Up- und Downlink asymmetrisch: An Stelle des (symmetrischen) Sprachverkehrs tritt die Datenübertragung (Software Download, Internet, Infotainment, Entertainment) in den Vordergrund.

Vor diesem Hintergrund werden hier die wichtigsten Varianten der **IMT 2000** (International Mobile Telecommunications at 2000 MHz) Luftschnittstelle vorgestellt (Bild 17-1). Ausgehend von der für Deutschland getroffenen Frequenzzuteilung wird zunächst in Anlehnung an Abschnitt 12.3 auf die im IMT 2000 benutzten Direct Sequence Spread Spectrum (DSSS) und Direct Sequence Code Division Multiple Access (DS-CDMA) Techniken eingegangen. Daran schließt sich eine kurze Diskussion von Wide Band (WB-)CDMA, Time Division (TD-)CDMA und Multicarrier (MC-)CDMA an.

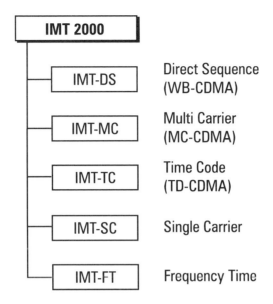

Bild 17-1: Die Mobilfunkstandard-Familie IMT 2000

Bei der dritten Mobilfunkgeneration tritt die Datenübertragung in den Vordergrund des Interesses. Waren die Systeme der zweiten Generation (z.B. GSM) auf Sprachübertragung optimiert, liegt der Schwerpunkt innovativer Mobilfunksysteme auf Multimedia. Das hat natürlich auch etwas mit der Konvergenz von Fest- und Mobilfunknetzen zu tun: Erfolgreiche Angebote, wie z.B. Internetzugriff oder elektronische Post (e-mail), sollen mobil, d.h. insbesondere unabhängig von Kabelanschlüssen, genutzt werden.

Als Vielfachzugriffstechnik wird CDMA eingesetzt. Bild 17-2 deutet an, dass CDMA-Netze mit dem Frequenzwiederholfaktor 1 auskommen, während dieser für TDMA-Netze etwa bei 7 liegt. Nur so ist es möglich, mehrere Anbieter im zur Verfügung stehenden Frequenzbereich unterzubringen. Die in Deutschland geltende Frequenzzuteilung zeigt Bild 17-3.

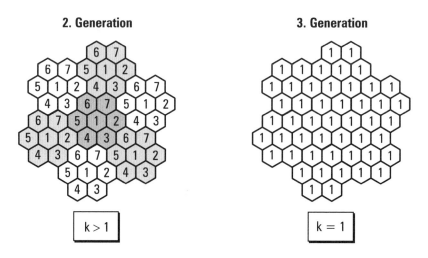

Bild 17-2: Frequenzwiederholfaktor

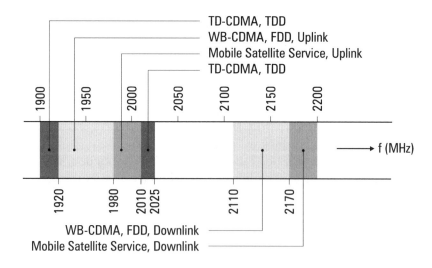

Bild 17-3: UMTS-Frequenzzuteilung

17.1 Direct Sequence (DS-) CDMA

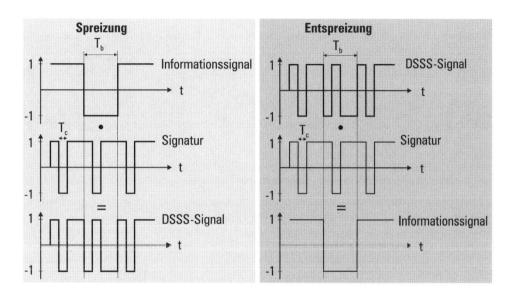

Bild 17.1-1: Direct Sequence Spread Spectrum

Bild 17.1-1 skizziert noch einmal das Prinzip einer Direct Sequence Spread Spectrum (DSSS-) Übertragung: Das Informationssignal besteht aus Bits der Dauer T_b. Es wird mit einer Signatur (der Spreizsequenz), die aus Chips aufgebaut ist, multipliziert. Die Chipdauer ist T_c und für den Spreizfaktor SF gilt Gleichung (12.3-1):

$$\text{SF} = \frac{B_c}{B_b} = \frac{T_b}{T_c} \tag{17.1-1}$$

In praktischen Anwendungen ist SF eine natürliche Zahl. Durch die Multiplikation mit der Signatur wird die Bandbreite B_b des zu übertragenden Signals um den Faktor SF auf B_c erhöht. Das ist der Effekt des Bandspreizens (vergleiche Bild 12.3-3), aus dem sich die Bezeichnung **Spread Spectrum** ableitet. Die Entspreizung im Empfänger wird dadurch erreicht, dass das empfangene Signal nochmal mit der auch dem Empfänger bekannten Signatur multipliziert wird, wobei die exakte Sychronisation der im Empfänger gespeicherten Signatur auf die des empfangenen Signals garantiert sein muss.

Durch diese Multiplikation fällt die Signatur aus dem Signal heraus, das Signal wird auf seine ursprüngliche Bandbreite B_b reduziert, d.h. das Informationssignal wird rekonstruiert.

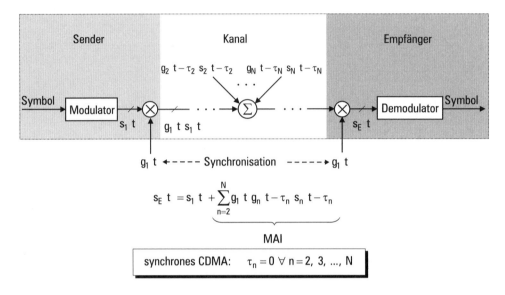

Bild 17.1-2: Punkt-zu-Punkt Verbindung im DS-CDMA

Durch geschickte Wahl der Signaturen erhält innerhalb einer Zelle jedes mobile Endgerät seine **nutzerspezifische Signatur** zugeteilt. Die Signaturen sind so zu wählen, dass ein Empfänger genau die für ihn bestimmte Sendung, unter Kenntnis der nutzerspezifischen Signatur, aus der (additiven) Überlagerung aller Sendesignale herausfiltern kann. Dazu ist notwendig, dass die Autokorrelations- und die Kreuzkorrelationsfunktionen der Signaturen bestimmmte Eigenschaften aufweisen. Idealerweise bestehen diese darin, dass

- die Autokorrelationsfunktionen im Ursprung den Wert 1 besitzen und sonst überall verschwinden und

- die Kreuzkorrelationsfunktionen überall Null sind.

Bild 17.1-2 erklärt die Funktionsweise eines DS-CDMA Systems anhand einer Punkt-zu-Punkt-Verbindung: Das Informationssignal $s_1(t)$ wird mit der

Signatur $g_1(t)$ multipliziert und anschließend über den CDMA-Kanal gesendet. Auf dem Kanal überlagern sich dem Sendesignal die Signale anderer gleichzeitig bestehender Verbindungen, die im nichtsynchronen Netz am Empfänger unserer Punkt-zu-Punkt Verbindung mit verschiedenen Laufzeitdifferenzen τ_n ankommen. Dieses Summensignal wird nach erfolgter Synchronisation der im Empfänger vorliegenden Signatur $g_1(t)$ mit dieser multipliziert. Das Produkt besteht aus zwei Summanden, dem Informationssignal $s_1(t)$ und der Multiple Access Interference (MAI). In synchronen CDMA-Systemen kann für alle n o.E.d.A. $\tau_n = 0$ angenommen werden.

17.2 UMTS Terrestrial Radio Access (UTRA)

Die in Europa entwickelte Variante von IMT 2000 heißt **Universal Mobile Telecommunications System (UMTS)**. Dessen Luftschnittstelle UTRA kennt zwei unterschiedliche Modi, den FDD (Frequency Division Duplex) Mode, bei dem Up- und Downlink durch unterschiedliche Frequenzen getrennt werden, und den TDD (Time Division Duplex) Mode, in dem diese

	WB-CDMA	TD-CDMA
Zugriffsverfahren	Direct-Sequence CDMA	TDMA mit DS-CDMA in den Zeitschlitzen
Duplexverfahren	FDD	TDD
Chiprate	3,84 Mchip/s,	3,84 Mchip/s
Nettodatenrate	8 kbit/s bis 2 Mbit/s	8 kbit/s bis 2,048 Mbit/s
Spreizsequenzen	OVSF-Codes	OVSF-Codes
Spreizfaktor	Zweierpotenzen von 4,..., 256	1,..., 16 Chips/Symbol
Kanalraster	200 kHz Raster, flexible Abstände von 4,4 bis 5,2 MHz	200 kHz Raster, feste Abstände von 5 MHz
Kanalcodierung	Kombination aus Faltungs- und RS-Codierung, Turbo-Codes, innere und äußere Codierung, Interleaver	Faltungscodierer und Interleaver sowie RS-Codierung
Modulationsverfahren	QPSK	QPSK
Basisbandfilter	Root Raised Cosine, Roll-Off-Faktor=0,22	Root Raised Cosine, Roll-Off-Faktor=0,22
Leistungsregelung	zwei geschlossene und eine offene Regelschleife, Up- und Downlink	zwei geschlossene Schleifen für Up- und Downlink, zusätzlicher Modus mit offener Schleife
Spezielle System-eigenschaften	orthogonale Codes für variable Spreizfaktoren	Joint-Detection Algorithmus, Elimination von Intra- und Interzellinterferenz
Rahmenlänge	10 ms	10 ms
Slotlänge	0,667 ms	0.667 ms
Slots pro Rahmen	15	15

Tabelle 17.2-1: UMTS: WB-CDMA versus TD-CDMA

Trennung über verschiedene Zeitschlitze, in denen die Übertragungsressource entweder dem Up- oder dem Downlink zur Verfügung steht, erfolgt. WB-CDMA mit FDD wird in den gepaarten Frequenzbändern genutzt, während in den nicht gepaarten Frequenzbändern TD-CDMA mit TDD zum Einsatz kommt. Der Hauptunterschied zwischen den beiden UMTS-Varianten ist schnell erkannt: Mit TD-CDMA und TDD ist asymmetrischer Verkehr auf Up- und Downlink effizient realisierbar. Die technischen Parameter von WB-CDMA und TD-CDMA sind in Tabelle 17.2-1 einander gegenübergestellt.

Im FDD Mode sind die Modulator-Strukturen für Up- und Downlink verschieden, sodass UTRA über insgesamt drei Modulator-Strukturen verfügt (Bild 17.2-1). Im FDD Downlink werden die zu sendenden Nutz- und Steuerdaten in einen Slot gepackt. Der so entstehende Datenstrom wird seriell-parallel in Symbole zu jeweils zwei Bit gewandelt. Nach dem Übergang von der Bit- auf die Chiprate mit dem Spreizfaktor SF werden die Daten mit der teilnehmerspezifischen Signatur g_n multipliziert. Anschließend erfolgt eine weitere Multiplikation mit der **zellenspezifischen Verwürfelungssequenz** c_n. Das so entstandene Signal wird, nachdem es den Impulsformer $h(t)$ durchlaufen hat, gesendet.

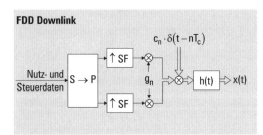

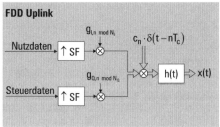

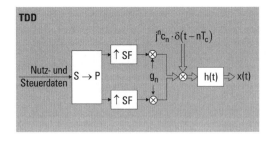

g_n teilnehmerspezifische Signatur
(Spreizcode)

c_n zellenspezifische Verwürfelungssequenz

Bild 17.2-1: UTRA Modulator-Strukturen

Anders als im Downlink bleiben im FDD Uplink Nutz- und Steuersignale getrennt. Die Nutzdaten werden auf dem Inphasen-, die Steuerdaten auf dem Quadraturträger gesendet. Die Seriell-Parallel-Wandlung entfällt. Es erfolgt wieder eine Umsetzung in den Chiptakt. Die Spreizung mit der teilnehmerspezifischen Signatur erfolgt hier jedoch für Inphasen- und Quadratursignal unterschiedlich. Danach wird das Signal wie im Downlink weiterbehandelt.

Im TDD Mode sind die Modulatoren für Up- und Downlink (natürlich) identisch. Die Signalverarbeitung entspricht der für den FDD Downlink, mit dem Unterschied, dass die Slotstruktur anders ist und dass die zellenspezifische Verwürfelungssequenz c_n noch mit dem Faktor j^n multipliziert wird.

Nun wollen wir kurz auf die binären Folgen der teilnehmerspezifischen Signaturen und der zellenspezifischen Verwürfelungssequenzen eingehen.

Die teilnehmerspezifischen Signaturen sind OVSF- (Orthogonal Variable Spreading Factor) Folgen. Die Konstruktion der OVSF-Folgen zeigt Bild 17.2-2: Ausgehend von der einelementigen Folge $c_{11} = (1)$ werden zwei neue Folgen gebildet. Die erste entsteht dadurch, dass die Ursprungsfolge zweimal wiederholt wird, die zweite dadurch, dass an die Ursprungsfolge die elementweise mit dem Faktor -1 multiplizierte Ursprungsfolge angehängt wird. Es entsteht ein binär gegliederter Codebaum. Hohen Spreizfaktoren entsprechen längere, niedrigeren Spreizfaktoren entsprechen kürzere OVSF-Folgen. Bei der Verwendung unterschiedlich langer OVSF-Folgen (d.h. unterschiedlicher Spreizfaktoren der teilnehmerspezifischen Signaturen) in derselben Zelle muss darauf geachtet werden, dass keine Folgen verwendet werden, die im Codebaum auf demselben Pfad zur Wurzel liegen, da solche Signaturen nicht mehr orthogonal sind. Es bleibt zu bemerken, dass die Familie der OVSF-Folgen genau dieselben Elemente wie die Familie der Walsh-Folgen enthält. Beide Familien unterscheiden sich jedoch in der Reihenfolge der Elemente.

Die zellenspezifischen Verwürfelungssequenzen dienen der Trennung unterschiedlicher Zellen durch den mobilen Empfänger. Im FDD Uplink werden aus Gold-Folgen konstruierte Sequenzen von 38400 Chips oder aus erweiterten Kasami-Folgen abgeleitete Sequenzen von 256 Chips verwendet. Die Verwürfelungssequenzen für den TDD Mode bestehen aus 16 Chips.

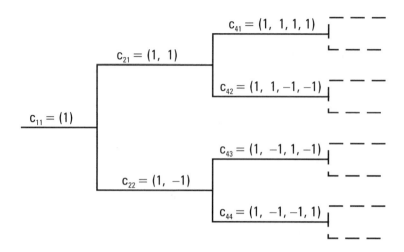

Bild 17.2-2: OVSF-Folgen als teilnehmerspezifische Signaturen

Die Sequenzen für den FDD Downlink haben, wie die für den FDD Uplink, eine Länge von 38400 Chips und werden auch aus Gold-Folgen abgeleitet. Sie unterscheiden sich jedoch von den Uplink-Folgen. Ihre Konstruktion soll im Folgenden beispielhaft beschrieben werden:

Die in Frage stehenden Gold-Folgen werden durch Schieberegister mit den Generatorpolynomen $g_1(x) = 1 + x^7 + x^{18}$ und $g_2(x) = 1 + x^5 + x^7 + x^{10} + x^{18}$ erzeugt. Es können insgesamt 512 verschiedene Verwürfelungssequenzen der Länge 38400 Chips konstruiert werden, die jeweils durch den Anfangszustand $(0, 1, \ldots, 511)$ des durch $g_1(x)$ charakterisierten Schieberegisters bestimmt sind. Aus der so festgelegten Gold-Folge $\{a_n\}$, $0 \leq n \leq 2^{18} - 1$, wird die Verwürfelungssequenz $\{c_n\} = \{a_n\} + \{a_{n+131072}\}$, $0 \leq n \leq 38399$, abgeleitet.

Neben den im UMTS definierten UTRA-Luftschnittstellen gehört zur Familie der IMT 2000-Standards auch CDMA2000, der als Fortentwicklung des amerikanischen IS-95 Standards der zweiten Mobilfunkgeneration angesehen werden kann. Bild 17.2-3 zeigt neben der Spektralbelegung des IS-95 Signals die Belegungen der CDMA2000 Modi „Multi Carrier" und „Direct Spread". Die beiden Modi unterscheiden sich nur für den Uplink. Es fällt auf, dass bei geeigneter Interpretation des CDMA2000 durchaus asymmetrischer Verkehr in Up- und Downlink durchführbar ist.

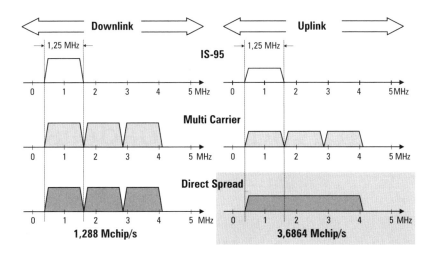

Bild 17.2-3: Multi Carrier (MC-) CDMA

Kapitel 18

Digital Audio Broadcasting

Im Rahmen des europäischen Forschungsprojekts EUREKA147 wurde ab 1988 unter Beteiligung von Rundfunkanstalten, Forschungsinstituten, Industrieunternehmen und Sendernetzbetreibern ein neuartiges digitales Übertragungssystem für den Hörfunk entwickelt, getestet und schließlich 1994 im Rahmen von ETSI (European Telecommunications Standards Institute) standardisiert. Erklärtes Ziel dieser Bemühungen war es, die Vorteile der Digitalisierung, die sich in vielen Bereichen der Telekommunikation bereits durchgesetzt hat, auch für den bis heute noch analog betriebenen Hörfunk zu nutzen. Es entstand das als **Digital Audio Broadcasting (DAB)** bezeichnete terrestrische Rundfunkübertragungssystem.

Die wesentlichen Vorteile, die DAB bietet, sind

- störungsfreier Empfang,

- höchste Klangqualität (CD),

- Ausstrahlung von Zusatzinformationen (Texte, Bilder, Grafiken),

- erweitertes Programmangebot,

- ökonomische Nutzung der vorhandenen Frequenzen,

- kostengünstiges und umweltfreundliches Übertragungsverfahren,

- erweiterbare Nutzungsmöglichkeiten durch offene Systemparameter.

In Baden-Württemberg verbreitet die Digital Radio Südwest GmbH DAB-Programme, in Ballungsgebieten im L-Band (1,5 GHz) und großflächig im Fernsehkanal 12 (230 MHz). Bild 18-1 zeigt die DAB-Versorgung in Baden-Württemberg zum Ende des Jahres 2005.

Bild 18-1: DAB-Versorgung in Baden-Württemberg (Stand Ende 2005)

Innerhalb eines Versorgungsgebietes werden die dazu gehörenden DAB-Sender zu einem **Gleichwellennetz**, in dem alle Sender dasselbe Programm auf derselben Frequenz synchron abstrahlen, zusammengeschaltet. Vom Empfänger werden dann die empfangenen Teilwellen nicht mehr danach unterschieden, ob sie (in der Regel über Umwege) von einem oder von mehreren Sendern stammen.

In diesem Kapitel wollen wir uns mit der Signalverarbeitung im DAB beschäftigen. Bild 18-2 gibt dazu eine Übersicht: Die Eingangsdaten auf einem Stereokanal in das System haben eine Rate von 1,536 Mbit/s. Das sind 2 Kanäle bei einer Abtastfrequenz von 48 kHz und einer Amplitudenauflösung von 16 bit. Das Quellencodierverfahren **MUSICAM** (Masking pattern Universal Subband Integrated Coding And Multiplexing) reduziert die Datenrate um einen Faktor von mehr als sieben auf 192 kbit/s. Der Kanalencoder, der eine mittlere Coderate von 1/2 aufweist, erzeugt daraus an seinem Ausgang eine Datenrate von 384 kbit/s, die dann pro Stereokanal übertragen wird.

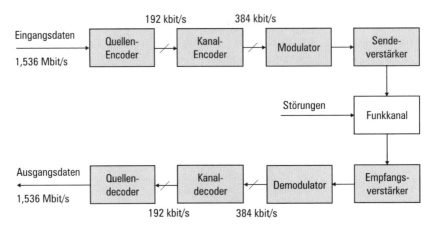

Bild 18-2: DAB, Übertragungssystem und Datenraten

18.1   DAB Quellencodierung

Bei der Quellencodierung von Audiosignalen werden typische Eigenschaften des menschlichen Gehörs ausgenutzt: Durch den spektralen Verdeckungs-effekt werden schwache Signale, die im selben Frequenzband mit starken Signalen liegen, nicht wahrgenommen. Ein ähnlicher Effekt entsteht im Zeit-bereich (zeitlicher Vor- bzw. Nachverdeckungseffekt).

Mit dem MUSICAM Verfahren wird der Spektralbereich zwischen 0 und 24 kHz zunächst in 32 Teilbänder der Breite $\Delta f = 750\,\mathrm{Hz}$ zerlegt. Danach werden alle Teilbänder in die Tiefpasslage gebracht und mit

$$f_a = 2\Delta f \qquad\qquad\qquad (18.1\text{-}1)$$

abgetastet. Die Abtastwerte werden mit b Bits, d.h. mit $2N = 2^b$ Stufen quantisiert. Dabei muss $2N$ so gewählt werden, dass das Quantisierungsrau-schen nicht vom Ohr wahrgenommen werden kann. Für die einzelnen Bänder der o.g. Teilbandzerlegung ergibt sich aus psychoakustischen Untersuchun-gen für die minimale Stufenzahl der Zusammenhang

$$\log_2 \left(\frac{2N_{\min}}{\text{bit}} \right) \approx 33 \log_{10} \left(\frac{f_o}{f_u} \right) + 1, \tag{18.1-2}$$

worin mit f_o und f_u die obere bzw. die untere Grenzfrequenz des Teilbands bezeichnet ist. Teilbänder in den unteren Frequenzbereichen benötigen demnach eine höhere Auflösung als Teilbänder in den oberen Frequenzbereichen.

Aus der maximalen Amplitude für die Abtastwerte eines Teilbands $|A_{\max}|$ und der Stufenzahl $2N$ ergibt sich die Höhe der Quantisierungsstufen q_0 zu

$$q_0 = \frac{|A_{\max}|}{N}. \tag{18.1-3}$$

Wird über eine bestimmte Bitanzahl hinweg der Amplitudenwert $|A| - xq_0$, $x \in [0,1,\dots,N]$, nicht überschritten, wird zur Verbesserung der Übertragungsqualität $|A|$ als Referenzamplitude betrachtet, woraus sich die neue Stufenhöhe

$$q = \frac{xq_0}{N} \tag{18.1-4}$$

ergibt. x heißt in diesem Zusammenhang **Skalenfaktor**. Dieser wird alle 4 ms für jedes Teilband neu bestimmt und mit übertragen. Die Übertragung selbst erfolgt in Rahmen von 24 ms Dauer.

Je nach verwendeter Symboldauer[1] T_S, die ihrerseits vom DAB-Mode abhängt (Tabelle 18.4-1), passt eine unterschiedliche Anzahl von Symbolen in einen Rahmen.

Der Rahmen besteht aus fünf Bitgruppen (Bild 18.1-1), die die Übertragungsqualität unterschiedlich beeinflussen:

---

[1]Unter einem Symbol wird hier ein COFDM-Modulationssymbol verstanden (vergleiche Abschnitt 18.3).

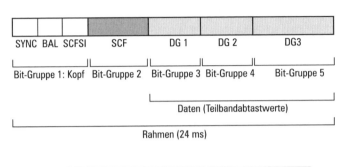

Bild 18.1-1: Rahmen des quellencodierten DAB-Signals, nach [Bec96]

1. Rahmenkopf (Frame Header)

Der Kopf enthält die Synchronisierungsinformation (SYNC), die Bitzuweisung (Bit Allocation, BAL) und die Skalenfaktor-Selektionsinformation (Scale Factor Select Information, SCFSI). BAL und SCFSI organisieren die variablen Datenraten, die dadurch entstehen, dass Skalenfaktoren nur im Änderungsfall übertragen werden. Ein Bitfehler im Kopf verursacht einen kompletten Rahmenausfall.

2. Skalenfaktoren (Scale Factors, SCFs)

Die SCFs werden mit sechs Bit quantisiert. Fehler in den beiden wichtigsten Bits erzeugen im Empfänger hörbare Störungen.

3. Datengruppe 1

Abtastwerte der Teilbänder 1 und 2, auf deren Störungen das Ohr sehr empfindlich reagiert. Die Auflösung beträgt 6 bit.

4. Datengruppe 2

Abtastwerte der Teilbänder 3 bis 13, Auflösung 1 bis 3 bit.

5. Datengruppe 3

Abtastwerte der Teilbänder 14 bis 32, Auflösung 1 bis 3 bit.

18.2 DAB Kanalcodierung und Interleaving

Die Kanalcodierung im DAB erfolgt mit einem Faltungscodierer, der die verschiedenen Bitgruppen (Bild 18.1-1) mit unterschiedlichem Fehlerschutz versieht. Der Kopf (Bitgruppe 1) wird mit der Coderate $r = 1/3$, die Bitgruppe 5 nur noch mit der Coderate $r = 2/3$ codiert. Die mittlere Coderate für das quellencodierte Signal beträgt $r = 1/2$, d.h. für die Übertragung eines Audioprogramms in Stereoqualität ergibt sich eine Netto-Datenrate von 384 kbit/s.

Beim DAB erfolgt die Übertragung in Frequenzblöcken, die ein Ensemble orthogonaler Träger bilden (vergleiche Abschnitt 18.3) und eine konstante Bandbreite von $B_{\text{Block}} = 1{,}536\,\text{MHz}$ darstellen. Die spektrale Effizienz des Übertragungsverfahrens ist $\Gamma = 1{,}6\,\text{bit/s/Hz}$. Daraus folgt, dass in einem DAB-Block

$$M = \frac{\Gamma \cdot B_{\text{Block}}}{384\,\text{kbit/s}} = 6{,}4 \ , \tag{18.2-1}$$

also sechs Stereoprogramme untergebracht werden können. Die verbleibende Kapazität wird z.B. für die Übertragung programmbegleitender Informationen (Program Associated Data, PAD) genutzt.

Zur Vermeidung von Bündelfehlern (Gruppen aufeinanderfolgender fehlerhafter Bits) wird im DAB sowohl Interleaving im Frequenzbereich als auch Interleaving im Zeitbereich durchgeführt.

Zum **Frequenzinterleaving** werden die Daten eines Audioprogramms nicht auf benachbarten Trägern übertragen. Die Träger werden vielmehr wie in Bild 18.2-1 dargestellt ausgewählt. Damit wird ein Schutz gegen frequenzselektives Fading erreicht.

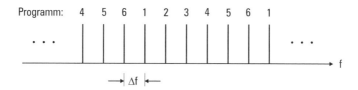

Bild 18.2-1: DAB Frequenzinterleaving bei 6 Programmen
im Frequenzblock, nach [Bec96]

Beim **Zeitinterleaving** wird zur Vermeidung von Bündelfehlern die Bitfolge vor der Übertragung umsortiert (Bild 18.2-2). Beim Auftreten zeitlich begrenzter Empfangsausfälle sind **nicht** aufeinanderfolgende Bits der deinterleavten Datenfolge gestört, sodass die Fehler mit Hilfe der Kanalcodierung (Voraussetzung: Gleichverteilte Fehler!) leichter korrigiert werden können. Durch Zeitinterleaving treten, da die Bits zum Umsortieren natürlich gespeichert werden müssen, Verzögerungen auf. Diese sind im Rundfunk (wie z.B. auch die Laufzeiten über Satelliten) nicht störend, weil sie konstant sind und im System berücksichtigt werden können.

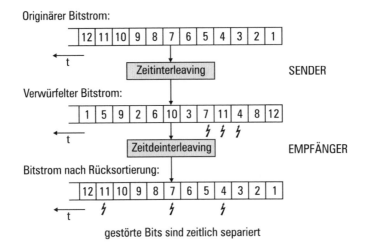

Bild 18.2-2: DAB Zeitinterleaving, nach [Bcc96]

Da DAB insbesondere im fahrenden Kraftfahrzeug (Kfz) empfangen werden soll, sind die durch die Fahrzeugbewegung verursachten Doppler-Frequenzverschiebungen zu beachten. Bei einer Trägerfrequenz f_T, der Relativgeschwindigkeit v zwischen Sender und Empfänger (Fahrzeug) und mit der Lichtgeschwindigkeit c ergibt sich die maximale Doppler-Frequenzverschiebung zu (vergleiche (3.2-4))

$$\Delta f_{D,\mathrm{max}} = \pm f_T \frac{v}{c}. \tag{18.2-2}$$

Nimmt man an, dass sich am Empfänger zwei Mehrwege überlagern, die sich genau gegenläufig mit $+\Delta f_{D,\mathrm{max}}$ bzw. $-\Delta f_{D,\mathrm{max}}$ ändern, errechnet sich die kürzeste Zeitspanne $\Delta\tau$, in der sich die Kanaleigenschaften fadingbedingt grundlegend ändern können (Abtasttheorem!), zu

$$\Delta\tau = \frac{1}{4\Delta f_{D,\max}} = \frac{c}{4vf_T}. \tag{18.2-3}$$

Damit sich innerhalb der Modulationssymboldauer T_S keine nennenswerten Änderungen des Kanals ergeben, muss also

$$T_S < \Delta\tau \tag{18.2-4}$$

gewählt werden. Für den DAB Mode II (vergleiche Abschnitt 18.4) ergibt sich mit $f_T = 1472\,\text{MHz}$ bei einer (relativen) Kfz-Geschwindigkeit von $180\,\text{km/h}$

$$T_S < 1020\,\mu\text{s}. \tag{18.2-5}$$

18.3   DAB COFDM-Modulation

Dieser Abschnitt behandelt die COFDM- (Coded Orthogonal Frequency Division Multiplexing) Modulation, die bei DAB Anwendung findet. Nach Kanalcodierung und Interleaving werden die zu übertragenden Signale zur Modulation von Unterträgern verteilt, indem Gruppen von Bits gebildet werden, die zu Multiplexrahmen zusammengefasst und entsprechend der Zahl der modulierten Unterträger parallel übertragen werden. Der einzelne Träger wird DQPSK moduliert (siehe Abschnitt 7.5).

Jeweils zwei Bits $a_i[2k-1], a_i[2k] \in \{0; 1\}$ werden zu Dibits zusammengefasst und dem komplexwertigen Symbol

$$b_i[k] = \frac{1}{\sqrt{2}}\left[1 - 2a_i[2k-1] + j\left(1 - 2a_i[2k]\right)\right] \tag{18.3-1}$$

zugeordnet (Bild 18.3-1). k indiziert die Unterträger, deren Gesamtzahl N_T gerade ist, $1 \le k \le N_T$, i kennzeichnet den Zeitschlitz bzw. das dazugehörende Sendesymbol.

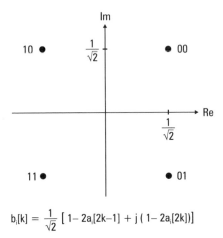

$$b_i[k] = \frac{1}{\sqrt{2}}\left[\, 1- 2a_i[2k-1] + j\,(\, 1- 2a_i[2k])\right]$$

Bild 18.3-1: COFDM, Zuordnung der Dibits zu komplexwertigen
Symbolen

Die $b_i[k]$ werden differenziell vorcodiert, d.h. im i-ten Zeitschlitz ist die Phase
des k-ten Unterträgers durch die Phase von

$$c_i[k] = b_i[k]\, c_{i-1}[k] \qquad\qquad\qquad (18.3\text{-}2)$$

gegeben. Natürlich gilt $|c_i[k]| = 1$.

Das Synchronisationssymbol (siehe unten) legt in jedem Rahmen als Referenzsymbol die Startphase des Unterträgers fest. Durch die Multiplikation
mit $b_i[k]$ wird die Phase des Unterträgers von Symbol zu Symbol um $n \cdot \pi/4$
($n = 1,3,5,7$) gedreht, sodass im Endeffekt eine DQPSK erzeugt wird. Die
Phasenänderung ist als harte Umtastung realisiert. Die Information steckt also nicht in der aktuellen Phase des Unterträgers, sondern in der Phasendifferenz des Unterträgers zwischen aktuellem und vorhergehendem Nutzsymbol
$c_{i-1}[k]$. Der Vorteil der differenziellen Modulation ist, dass dem Empfänger
die absolute Trägerphase nicht bekannt sein muss (Abschnitt 7.5).

Während der Dauer des Nutzsymbols T_N ergibt sich in **komplexer Basisbandlage** für jeden Unterträger die Signalform

$$g_i[k](t) = c_i[k]\,\frac{1}{\sqrt{T_N}}e^{j2\pi f_m t}. \qquad\qquad (18.3\text{-}3)$$

Für die Frequenz f_m eines Unterträgers gilt

$$f_m = \frac{m}{T_N} \quad \text{mit} \quad \begin{cases} m = -\frac{N_T}{2} + k - 1 & \text{für } 1 \leq k \leq \frac{N_T}{2} \\ m = -\frac{N_T}{2} + k & \text{für } \frac{N_T}{2} + 1 \leq k \leq N_T \end{cases} . \quad (18.3\text{-}4)$$

Der Träger mit dem Index $m = 0$ existiert nicht, da dieser einen Gleich-stromanteil darstellen würde, der seinerseits zu Verzerrungen bei der An-steuerung des Modulators führen kann. Der Trägerabstand ist $\Delta f = 1/T_N$ (Bild 18.3-2).

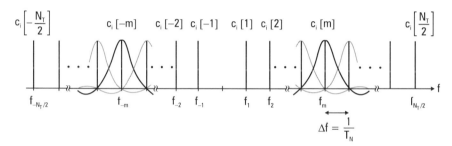

Bild 18.3-2: Unterträger des COFDM Signals

Die Orthogonalität der Signale auf den verschiedenen Unterträgern folgt aus

$$\int_0^{T_N} g_i[k](t) g_i^*[l](t)\, dt \qquad (18.3\text{-}5)$$

$$= \frac{c_i[k] c_i^*[l]}{T_N} \int_0^{T_N} e^{j 2\pi (f_k - f_l) t}\, dt = \begin{cases} c_i[k] c_i^*[l] & \text{für } k = l \\ 0 & \text{für } k \neq l \end{cases} .$$

Das Sendesignal im i-ten Zeitschlitz ist die additive Überlagerung der Ein-zelträger-Signale

$$s_i(t) = \frac{1}{\sqrt{T_N}} \sum_{k=1}^{N_T} c_i[k] e^{j 2\pi f_m t}, \quad 0 < t \leq T_N, \qquad (18.3\text{-}6)$$

wobei die Frequenz f_m aus (18.3-4) folgt. Prinzipiell kann das Signal mit Hilfe von N_T Oszillatoren erzeugt werden, die, wie (18.3-6) verlangt, DQPSK moduliert und deren Ausgangssignale addiert werden (Bild 18.3-3(a)).

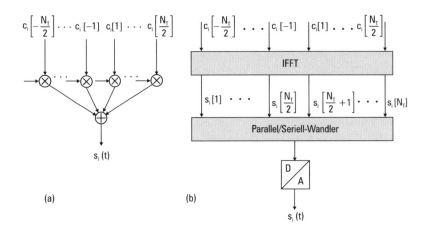

Bild 18.3-3: COFDM, Modulator

Eine elegantere Methode ergibt sich, wenn man bedenkt, dass das Sendesignal auf einem Unterträger während der Nutzsymboldauer T_N vollständig durch die Phase $c_i[k]$ und die Frequenz f_m beschrieben wird. Es reicht darum aus, einmal pro Nutzintervalldauer T_N eine inverse diskrete Fouriertransformation durchzuführen, um das Sendesignal im Zeitbereich zu berechnen. Die Sendesymbole $c_i[k]$ werden dabei als Größen im Frequenzbereich **interpretiert**. Rechnet man eine inverse diskrete Fouriertransformation (IDFT) bei der die Frequenzbins so gewählt werden, dass sie exakt auf die diskreten Unterträgerfrequenzen f_m fallen, sind die Symbole $c_i[k]$ mit den zu verwendenden Fourierkoeffizienten identisch. Dies wird auch deutlich, wenn man das Sendesignal $s_i(t)$ (18.3-6) mit $f_a = \frac{N_T}{T_N}$ abtastet. Es folgt dann

$$s_i\left(n\frac{T_N}{N_T}\right) = \frac{1}{\sqrt{T_N}} \sum_{k=1}^{N_T} c_i[k] e^{j2\pi mn/N_T} \qquad (18.3\text{-}7)$$

$$= s_i[n], \quad 1 \leq n \leq N_T,$$

und man erkennt, dass die Abtastfolge $s_i[n]$ identisch mit der IDFT der Symbole $c_i[k]$ ist. Bei entsprechender Organisation des Signalflusses (Einfügen von Nullsymbolen) kann (18.3-7) in Form einer schnellen inversen Fouriertransformation (IFFT) realisiert werden. Bild 18.3-3(b) zeigt das Blockschaltbild für einen solchen COFDM-Modulator.

Das entsprechend (18.3-7) mit Hilfe der IFFT berechnete Sendesignal wird, wie bereits im Abschnitt 7.7 diskutiert, über das **Schutzintervall** $(-T_G, 0]$ hinweg periodisch fortgesetzt, d.h.

$$s_i(t) = s_i(t + T_N), \quad -T_G < t \leq 0. \tag{18.3-8}$$

Die Gesamtübertragungsdauer ergibt sich dann zu $T_S = T_N + T_G$. Der Signalinhalt während des Intervalls T_S wird als OFDM-Symbol bezeichnet. Bild 18.3-4 (unten) verdeutlicht den Zusammenhang: Das OFDM-Nutzsymbol der Dauer T_N wird periodisch nach links um die Dauer T_G fortgesetzt und so zum OFDM-Symbol der Dauer T_S erweitert. Die schraffierten Bereiche haben denselben Inhalt.

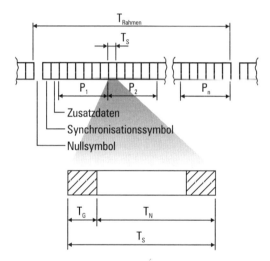

Bild 18.3-4: DAB, Aufbau von Rahmen und Symbolen

Da der Empfänger im Zeitschlitz i nur das Nutzintervall auswertet, kommen dem vorangestellten Schutzintervall zwei Funktionen zu:

(i) Signalanteile des im $(i-1)$-ten Zeitschlitz gesendeten Symbols wirken sich nicht störend aus, sofern die maximale Umweglaufzeit nicht die Schutzintervalldauer T_G überschreitet.

(ii) Durch die periodische Fortschreibung des Signals gehen bei Mehrwegeausbreitung praktisch keine Signalanteile verloren.

Die Wirkungsweise des Schutzintervalls beim Empfang wird mit Hilfe von
Bild 18.3-5 beschrieben. Das OFDM-Symbol der Länge T_S erreicht den
Empfänger über unterschiedliche Pfade, die verschiedene Laufzeiten τ_l haben und sich additiv überlagern. Die Auswertung erfolgt über das Intervall
der Länge T_N über eine FFT, die bekanntlich im Zeitbereich periodische
Folgen auf periodische Folgen im Frequenzbereich abbildet [Jon91]. Damit
erscheinen alle Signalpfade, deren Anfang in das Schutzintervall fällt, im
Frequenzbereich bis auf eine Phasenverschiebung identisch. Sämtliche Pfade
tragen so zum Empfang konstruktiv bei.

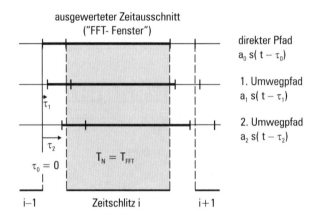

Bild 18.3-5: DAB, Wirkung des Schutzintervalls

Durch Einführung des Schutzintervalls und durch Verwendung des differenziellen Modulationsverfahrens kann beim DAB vollständig auf einen Entzerrer verzichtet werden. Es ergibt sich jedoch ein Verlust an spektraler Effizienz (nicht 2 bit/s/Hz wie für QPSK möglich, sondern nur 1,6 bit/s/Hz) und
ein Zuschlag in der Größenordnung von 1 dB beim SNR, der sich aus dem
Verhältnis von Gesamt- zu Nutzsymboldauer errechnet ($10 \cdot \log_{10}(T_S/T_N)$).

Im Gegensatz zu anderen Übertragungsverfahren, die im Mobilfunkkanal mit
adaptiven Entzerrern arbeiten, kann beim DAB-Sendesignal auf eine längere,
in bestimmten Abständen wiederholte Trainingssequenz für den Entzerrer
verzichtet werden, sodass der reale Verlust durch das Schutzintervall vergleichsweise gering bleibt.

Der Rahmen des DAB-Übertragungsverfahrens setzt sich aus OFDM-Symbolen zusammen (Bild 18.3-4). Die ersten beiden OFDM-Symbole, das Null- und das Synchronisationssymbol, dienen der Synchronisation. Das nächste OFDM-Symbol überträgt Zusatzdaten, die weiteren OFDM-Symbole dienen der Übertragung der einzelnen Programme, wobei die Daten eines Stereoprogramms in aufeinanderfolgenden OFDM-Symbolen übertragen werden.

Bild 18.3-6 zeigt die Struktur des DAB-Empfängers: Für die Dauer des Nullsymbols werden die Unterträger nicht moduliert. Auf diese Austastlücke stützt der Empfänger seine Grobsynchronisation. Gleichzeitig kann der Empfänger während der Austastlücke eine Schätzung der momentanen Rauschleistung durchführen und die spektrale Lage von Interferenzstörern bestimmen. Diese Informationen werden im Kanaldecoder (Viterbi) zur Bewertung der Pfad-Metriken benutzt (Soft-Decision).

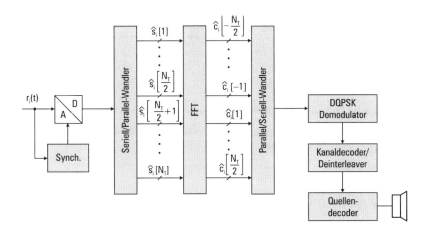

Bild 18.3-6: DAB, Empfänger

Nach der Grobsynchronisation wertet der Empfänger in jedem Rahmen das Synchronisationssymbol aus. Mit Hilfe dieses ihm bekannten Symbols schätzt der Empfänger die Kanalimpulsantwort und führt eine Feinsynchronisation der Lage des FFT-Fensters durch (vergleiche Bild 18.3-5). Das Synchronisationssymbol liefert auch die Bezugsphase für den DQPSK-Demodulator.

Nach Abmischung und A/D-Wandlung liegt das Signal im komplexen Basisband in Form von Abtastwerten vor. Die Abtastwerte eines zeitlichen Fensters der Länge $T_{FFT} = T_N$ werden vom FFT-Prozessor in den Frequenzbereich transformiert. Das Empfangssignal ergibt sich aus der Faltung des Sendesignals $s_i(t)$ mit der Impulsantwort $h_i(t)$ des Kanals im i-ten Zeitschlitz, wobei vorausgesetzt wird, dass die Kanalimpulsantwort während der Dauer eines Modulationssymbols T_S zeitinvariant ist. Die empfangenen Abtastwerte

$$\hat{s}_i \left(n \frac{T_N}{N_T} \right) = \hat{s}_i[n] = s_i[n] * h_i(t) + n_i[n] \tag{18.3-9}$$

ergeben nach der FFT

$$\hat{c}_i[k] = c_i[k]H_i[k] + N_i[k], \tag{18.3-10}$$

wobei $H_i[k]$ die Fouriertransformierte der Impulsantwort $h_i(t)$ für den k-ten Unterträger ist. Durch Multiplikation dieser Werte mit $\hat{c}_{i-1}^*[k]$ wird die differenzielle Vorcodierung (18.3-2) rückgängig gemacht. Es ergibt sich eine Schätzung für die gesendeten Dibits

$$\hat{b}_i[k] = \hat{c}_i[k]\hat{c}_{i-1}^*[k] = b_i[k]|H_i[k]||H_{i-1}[k]|e^{j\Delta\Psi_H}, \tag{18.3-11}$$

die einen fehlerfreien Schwellwertentscheid zulässt, solange $|\Delta\Psi_H| = |\arg\{H_i[k]\} - \arg\{H_{i-1}[k]\}| < \pi/4$ bleibt. Auf die Betrachtung des Rauschens wurde dabei verzichtet.

18.4   DAB-Moden

Europaweit sind verschiedene Frequenzbereiche für DAB reserviert worden. Für terrestrische DAB-Übertragungen sind dies insbesondere der Fernsehkanal 12 (223 MHz bis 230 MHz) und ein Bereich im L-Band (1452 MHz bis 1492 MHz).

Im Kanal 12 soll eine überregionale Netzstruktur für DAB aufgebaut werden. Daher müssen für die Mehrwegesignale Umwege von bis zu 80 km toleriert werden. Die daraus resultierende Modulationssymboldauer $T_S = 1250\,\mu s$ widerspricht bei Frequenzen im L-Band der Bedingung (18.2-5). Da die Übertragung im L-Band jedoch nur durch lokale Netze erfolgen soll, kann der maximal zulässige Umweg für Mehrwegesignale hier auf 20 km begrenzt werden. Daraus folgen eine andere Gesamtsymboldauer, eine andere Schutzintervalldauer und wegen

$$\Delta f = \frac{1}{T_S - T_G} = \frac{1}{T_N} \tag{18.4-1}$$

ein anderer Frequenzabstand als für den Kanal 12. Demzufolge werden bei DAB verschiedene **Moden** unterschieden:

- **Mode I:**   Terrestrische, überregionale Versorgung im Kanal 12.

- **Mode II:**   Terrestrische, lokale Versorgung im L-Band.

- **Mode III:** Versorgung über Satellit.

Tabelle 18.4-1 gibt einen Überblick über die Parameter der drei DAB-Moden.

Parameter	Mode I	Mode II	Mode III
Typischer Frequenzbereich	230 MHz	1,5 GHz	über 10 GHz
	(Kanal 12)	(L-Band)	
Bandbreite eines DAB-Blocks	1,536 MHz	1,536 MHz	1,536 MHz
Stereoprogramme je Block	6	6	6
Nutzsymboldauer T_N	1000 μs	250 μs	125 μs
Schutzintervalldauer T_G	246 μs	62 μs	31 μs
Symboldauer $T_S = T_G + T_N$	1246 μs	312 μs	156 μs
Trägerfrequenzen pro Block	1536	384	192
Trägerfrequenzen pro Programm	256	64	32
Trägerfrequenzabstand	1 kHz	4 kHz	8 kHz

Tabelle 18.4-1: DAB-Moden

Anhang A

Formeln zur Fouriertransformation

Definition

$$X(f) \quad = \quad \int\limits_{-\infty}^{\infty} x(t)e^{-j2\pi ft}\, dt$$

$$x(t) \quad = \quad \int\limits_{-\infty}^{\infty} X(f)e^{j2\pi ft}\, df$$

$$x(t) \quad \circ\!\!-\!\!\bullet \quad X(f)$$

Eigenschaften

$$\sum c_i x_i(t) \quad \circ\!\!-\!\!\bullet \quad \sum c_i X_i(f)$$

$$\frac{d^n x(t)}{dt^n} \quad \circ\!\!-\!\!\bullet \quad (j2\pi f)^n\ X(f)$$

$$x(t - t_0) \quad \circ\!\!-\!\!\bullet \quad e^{-j2\pi ft_0}\ X(f)$$

$$e^{j2\pi f_0 t}\, x(t) \quad \circ\!\!-\!\!\bullet \quad X(f - f_0)$$

$$x(t) * y(t) \quad \circ\!\!-\!\!\bullet \quad X(f)Y(f)$$

$$x(t)y(t) \quad \circ\!\!-\!\!\bullet \quad X(f) * Y(f)$$

$$x(t/a) \quad \circ\!\!-\!\!\bullet \quad |a|X(af)$$

Korrespondenzen

$$1 \quad \circ\!\!-\!\!\bullet \quad \delta(f)$$

$$\cos(2\pi f_0 t) \quad \circ\!\!-\!\!\bullet \quad \frac{1}{2}\delta(f + f_0) + \frac{1}{2}\delta(f - f_0)$$

$$F\,\mathrm{si}(\pi F t) \quad \circ\!\!-\!\!\bullet \quad X(f) = \begin{cases} 1 & \text{für } |f| < \frac{F}{2} \\ 0 & \text{für } |f| > \frac{F}{2} \end{cases}$$

$$e^{-\pi t^2} \quad \circ\!\!-\!\!\bullet \quad e^{-\pi f^2}$$

$$x(t) = \begin{cases} 1 & \text{für } |t| < \frac{T}{2} \\ 0 & \text{für } |t| > \frac{T}{2} \end{cases} \quad \circ\!\!-\!\!\bullet \quad T\,\mathrm{si}(\pi f T)$$

$$\frac{1}{2}\delta(t + t_0) + \frac{1}{2}\delta(t - t_0) \quad \circ\!\!-\!\!\bullet \quad \cos(2\pi f t_0)$$

$$\delta(t) \quad \circ\!\!-\!\!\bullet \quad 1$$

$$\sin(2\pi f_0 t) \quad \circ\!\!-\!\!\bullet \quad \frac{j}{2}\delta(f + f_0) - \frac{j}{2}\delta(f - f_0)$$

$$x(t) = \begin{cases} 1 & \text{für } t > 0 \\ 0 & \text{für } t < 0 \end{cases} \quad \circ\!\!-\!\!\bullet \quad \frac{1}{2}\delta(f) + \frac{1}{j2\pi f}$$

$$e^{-a|t|}, a > 0 \quad \circ\!\!-\!\!\bullet \quad \frac{2a}{a^2 + (2\pi f)^2}$$

$$x(t) = \begin{cases} e^{-at} & \text{für } t > 0 \\ 0 & \text{für } t < 0 \end{cases}, a > 0 \quad \circ\!\!-\!\!\bullet \quad \frac{1}{a + j2\pi f}$$

$$x(t) = \begin{cases} te^{-at} & \text{für } t > 0 \\ 0 & \text{für } t < 0 \end{cases}, a > 0 \quad \circ\!\!-\!\!\bullet \quad \frac{1}{(a + j2\pi f)^2}$$

$$\frac{1}{\pi t} \quad \circ\!\!-\!\!\bullet \quad -j\,\mathrm{sign}\,f$$

$$j\,\mathrm{sign}\,t \quad \circ\!\!-\!\!\bullet \quad \frac{1}{\pi f}$$

$$\hat{x}(t) = \frac{1}{\pi}\int\limits_{-\infty}^{\infty}\frac{x(\lambda)}{t - \lambda}\,d\lambda \quad \circ\!\!-\!\!\bullet \quad (-j\,\mathrm{sign}\,f)\,X(f)$$

$$\sum_{m=-\infty}^{\infty}\delta(t - mT) \quad \circ\!\!-\!\!\bullet \quad \frac{1}{T}\sum_{m=-\infty}^{\infty}\delta\left(f - \frac{m}{T}\right)$$

Anhang B

Das Signal-zu-Rausch Verhältnis

Sind sowohl das Nutzsignal $s(t)$ als auch das Störsignal $n(t)$ Pfade ergodischer Prozesse, ist das Signal-zu-Stör Verhältnis (S/I, Signal-to-Interference Ratio) definiert durch

$$S/I := \frac{\text{mittlere Leistung des Nutzsignals}}{\text{mittlere Leistung des Störsignals}}.$$

Handelt es sich bei der Störung um ein weißes Rauschen, spricht man statt vom S/I vom Signal-zu-Rausch Verhältnis (SNR, Signal-to-Noise Ratio)

$$SNR := \frac{\text{mittlere Leistung des Nutzsignals}}{\text{Rauschleistung}} = \frac{S}{N}.$$

Zur Definition des SNR bei digitaler Übertragung wird von einem tiefpassbegrenzten AWGN- (Additive White Gaussian Noise) Kanal der Breite B ausgegangen (Bild B-1 (a)). Die Rauschleistungsdichte N_0 W/Hz führt auf eine Rauschleistung $N = N_0 B$ W (Bild B-1 (b)). Für die mittlere Leistung des Nutzsignals (kurz: Signalleistung) S W kann mit der Energie des empfangenen Bits E_b Ws und der Bitrate R s^{-1} geschrieben werden $S = E_b R$ und es folgt

$$SNR = \frac{S}{N} = \frac{E_b R}{N_0 B}. \tag{B-1}$$

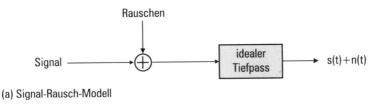

(a) Signal-Rausch-Modell

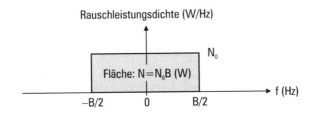

(b) Spektrale Leistungsdichte des tiefpassbegrenzten weißen Rauschens

Bild B 1: Zur Definition des Signal-zu-Rausch Verhältnisses

Mit $R := 1\ \mathrm{s}^{-1}$ und $B := 1\ \mathrm{Hz}$ wird in (B-1) das SNR bezüglich Bitrate und Bandbreite normiert. Daraus ergibt sich das dimensionslose Verhältnis von (mittlerer) Bitenergie zur Rauschleistungsdichte,

$$\mathrm{SNR}_\mathrm{bit} = \frac{E_b}{N_0}, \tag{B-2}$$

das auch als **Signal-zu-Rauschleistungsverhältnis pro Bit** bezeichnet wird. $\mathrm{SNR}_\mathrm{bit} = E_b/N_0$ ist ein Standard-Qualitätsmaß für die Leistungsfähigkeit digitaler Kommunikationssysteme. Je kleiner das für eine bestimmte Übertragungsleistung erforderliche $\mathrm{SNR}_\mathrm{bit}$ ist, desto besser ist das System.

Statt mit dem Zahlenverhältnis (B-2) wird häufig mit dessen Logarithmus gearbeitet und damit das

$$\mathrm{SNR}_\mathrm{bit} = 10\,\log_{10} \frac{E_b}{N_0} \tag{B-3}$$

in der Pseudoeinheit Dezibel (dB) angegeben.

Anhang C

Konstruktion der Generatormatrix zyklischer Blockcodes

Allgemein hat die Generatormatrix eines **systematischen** zyklischen (n,k)-Blockcodes, die in ihrer Polynomform (vergleiche (5.3-3)) gegeben ist, folgendes Aussehen:

$$
\overline{G} =
\left[
\begin{array}{ccccc|ccc}
x^{n-1} & - & \cdots & - & & \cdots & & \\
- & x^{n-2} & & & & \cdots & & \\
& & - & & & \cdots & & \\
\vdots & \vdots & & \ddots & \vdots & \cdots & & \\
- & - & & & x^{n-k} & \cdots & & 1
\end{array}
\right] \quad \leftarrow g(x)
\tag{C-1}
$$

Im linken Teil, d.h. in den ersten k Spalten, ist die Matrix nur in der Hauptdiagonalen besetzt, da der Code systematisch ist. In der letzten (das ist die k-te) Zeile steht das Generatorpolynom (5.3-5).

Wir betrachten die Matrix $\overline{G'}$, deren Zeilen aus fortgesetzten Multiplikationen von $g(x)$ mit x aufgebaut ist. Ein Produkt mit x zieht dabei jeweils einen Linksshift um eine Stelle nach sich:

$$\overline{G'} = \begin{bmatrix} x^{k-1}g(x) \\ \vdots \\ x^2 g(x) \\ x g(x) \\ g(x) \end{bmatrix} \tag{C-2}$$

Die Encodierung der Datenfolge $\vec{d} = (d_1, d_2, \cdots, d_k)^T$ liefert (vergleiche (5.2-1))

$$\begin{aligned} c(x) &= d_1 x^{k-1} g(x) + d_2 x^{k-2} g(x) + \cdots + d_k g(x) \\ &= d(x) g(x) \end{aligned} \tag{C-3}$$

mit dem Polynom $d(x)$, dessen Koeffizienten die Komponenten von $\vec{d}$ sind und dessen Grad $\leq k - 1$ ist.

$c(x)$ ist ein zyklisches Polynom vom Grad $n - 1$ und es gibt 2^k mögliche Codewörter, entsprechend den 2^k möglichen k-bit-Datenfolgen. Die durch (C-3) erzeugten Codewörter sind allerdings im Allgemeinen **nicht** systematisch.

Um einen systematischen zyklischen Blockcode zu erzeugen, muss die Generatormatrix $\overline{G}$ folgendermaßen aufgebaut werden:

1. $g(x)$ steht in der $k-$ten Zeile.

2. Zur Erzeugung der $(k-1)$-ten Zeile wird zunächst die $k-$te Zeile zyklisch um eine Spalte nach links verschoben (das entspricht der Bildung von $x g(x)$). In der $(k-1)$-ten Zeile und der $k-$ten Spalte der Standardform steht eine 0. Steht dort in unserer Darstellung aber eine 1, wird einfach die $k-$te Zeile zur $(k-1)$-ten Zeile hinzuaddiert. Das heißt die $(k-1)$-te Zeile ist

$$\left\{ \begin{array}{c} x g(x) \\ x g(x) + g(x) \end{array} \right\}, \text{wenn der Koeffizient von } x^{n-k-1} \text{ in } g(x) \left\{ \begin{array}{c} 0 \\ 1 \end{array} \right\} \text{ ist.}$$

3. Die Erzeugung der $(k-2)$-ten Zeile verläuft genauso: Die $(k-1)$-te wird um eine Spalte zyklisch nach links verschoben. Erscheint in der k−ten Spalte der $(k-2)$-ten Zeile eine 1, muss $g(x)$ zur $(k-2)$-ten Zeile addiert werden.

4. Das Verfahren wird so bis zur ersten Zeile wiederholt.

Beispiel: Es sei $g(x) = x^4 + x^3 + x^2 + 1$ und $n = 7$. Das heißt wir betrachten einen (7,3)-Code. Als **nicht**systematische Generatormatrix ergibt sich daraus

$$
\overline{G'} = \begin{bmatrix} x^6 & x^5 & x^4 & - & x^2 & - & - \\ - & x^5 & x^4 & x^3 & - & x & - \\ - & - & x^4 & x^3 & x^2 & - & 1 \end{bmatrix}.
$$

Die Erzeugung der systematischen Form $\overline{G}$ verläuft wie oben beschrieben und liefert

$$
\overline{G} = \begin{bmatrix} x\,[xg(x) + g(x)] \\ xg(x) + g(x) \\ g(x) \end{bmatrix}
$$

$$
= \begin{bmatrix} x^6 & - & - & x^3 & x^2 & x & - \\ - & x^5 & - & - & x^2 & x & 1 \\ - & - & x^4 & x^3 & x^2 & - & 1 \end{bmatrix}.
$$

Literaturverzeichnis

[B⁺05] BRONSTEIN, I. et al.: *Taschenbuch der Mathematik.* Verlag Harri Deutsch, Zürich etc., 6., vollständig überarbeitete, ergänzte Auflage, 2005.

[Bec96] BECKER, T.: *Verfahren und Kriterien zur Planung von Gleichwellennetzen für den Digitalen Hörrundfunk DAB (Digital Audio Broadcast).* Forschungsberichte aus dem Institut für Höchstfrequenztechnik und Elektronik der Universität Karlsruhe (TH), Band 11, Karlsruhe, 1996.

[Ben07] BENKNER, T.: *Grundlagen des Mobilfunks.* J. Schlembach Fachverlag, Wilburgstetten, 2007.

[Com98] COMER, C.: *Computernetzwerke und Internets.* Prentice–Hall, München etc., 1998.

[DB96] DAVID, K. und T. BENKNER: *Digitale Mobilfunksysteme.* B.G. Teubner, Stuttgart, 1996. Reihe Informationstechnik.

[EVB01] EBERSPÄCHER, J., H.-J. VÖGEL und CHRISTIAN BETTSTETTER: *GSM Global System for Mobile Communication.* B.G. Teubner, Stuttgart/Leipzig/Wiesbaden, 3. Auflage, 2001.

[FG08] FLIEGE, N. und M. GAIDA: *Signale und Systeme.* J. Schlembach Fachverlag, Wilburgstetten, 2008.

[FK03] FAZEL, K. und S. KAISER: *Multicarrier and Spread Spectrum Systems.* Wiley, London, 2003.

[Gol82]   GOLOMB, S.W.: *Shift Register Sequences*. Aegean Park Press, Laguna Hills (CA), 1982. Revised Edition.

[HH74]   HENZE, E. und H.H. HOMUTH: *Einführung in die Informationstheorie*. Friedr. Vieweg & Sohn Verlagsgesellschaft mbH, Braunschweig, 1974.

[HL04]   HERTER, E. und W. LÖRCHER: *Nachrichtentechnik*. Carl Hanser Verlag, München, 9. Auflage, 2004.

[HM05]   HAYKIN, S. und M. MOHER: *Modern Wireless Communications*. Pearson Education Inc., Upper Saddle River (NJ), 2005.

[Jon91]   JONDRAL, F.: *Funksignalanalyse*. B.G. Teubner, Stuttgart, 1991. Teubner Studienbücher Elektrotechnik.

[JW02]   JONDRAL, F. und A. WIESLER: *Wahrscheinlichkeitsrechnung und stochastische Prozesse*. B.G. Teubner, Stuttgart/Leipzig/Wiesbaden, 2. Auflage, 2002.

[Kad91]   KADERALI, F.: *Digitale Kommunikationstechnik I*. Friedr. Vieweg & Sohn Verlagsgesellschaft mbH, Braunschweig, 1991.

[Kam04]   KAMMEYER, K.-D.: *Nachrichtenübertragung*. B.G. Teubner, Stuttgart/Leipzig/Wiesbaden, 3. Auflage, 2004.

[KJ05]   KIENCKE, U. und H. JÄKEL: *Signale und Systeme*. Oldenbourg Verlag, München/Wien, 3. Auflage, 2005.

[KK05]   KUROPATWIŃSKI-KAISER, W.: *MIMO-Demonstrator basierend auf GSM-Komponenten*. Forschungsberichte aus dem Institut für Nachrichtentechnik der Universität Karlsruhe (TH), Band 14, Karlsruhe, 2005.

[MMF98]   MEYR, H., M. MOENECLAEY und S. FECHTEL: *Digital Communication Receivers*. John Wiley & Sons, New York etc., 1998.

[Neu06a] NEUBAUER, A.: *Informationstheorie und Quellencodierung*. J. Schlembach Fachverlag, Wilburgstetten, 2006.

[Neu06b] NEUBAUER, A.: *Kanalcodierung*. J. Schlembach Fachverlag, Wilburgstetten, 2006.

[Pre94]   PREIBISCH, H. (HERAUSGEBER): *GSM-Mobilfunk-Übertragungs-technik*. Schiele & Schön, Berlin, 1994.

[Pro01]   PROAKIS, J.G.: *Digital Communications*.   McGraw–Hill, New York etc., 4. Auflage, 2001.

[Roh95]   ROHLING, H.: *Einführung in die Informations- und Codierungstheorie*. B.G. Teubner, Stuttgart, 1995. Teubner Studienbücher Elektrotechnik.

[Sha48]   SHANNON, C.E.: *A Mathematical Theory of Communication*. The Bell System Technical Journal, 27:379–423, 623–656, July, October 1948.

[Skl01]   SKLAR, B.: *Digital Communications*. Prentice–Hall PTR, Upper Saddle River (NJ), 2. Auflage, 2001.

[Ste01]   STEHLE, W.: *Digitale Netze*. J. Schlembach Fachverlag, Weil der Stadt, 2001.

[Urk83]   URKOWITZ, H.: *Signal Theory and Random Processes*. Artech House, Dedham (MA), 1983.

[Wäc92]   WÄCHTER, T.: *Das Übertragungsverfahren des zukünftigen digitalen Hörrundfunks*. Der Fernmeldeingenieur, 11/12(46), 1992.

[Wal04]   WALDSCHMIDT, C.: *Systemtheoretische und experimentelle Charakterisierung integrierbarer Antennenarrays*. Forschungsberichte aus dem Institut für Höchstfrequenztechnik und Elektronik der Universität Karlsruhe (TH), Band 41, Karlsruhe, 2004.

Index

A

äquivalentes
    Basisbandsignal, 4
    Basisbandsystem, 5
    Tiefpasssignal, 4
    Tiefpasssystem, 5

a posteriori Wahrscheinlichkeit, 97
Access Grant Channel (AGCH), 184
Alamouti-Code, 138
Amplitude, 2, 67
analoge Modulationsverfahren, 69
analytisches Signal, 68
Associated Control Channel
    (ACCH), 185
Asynchronous Transfer Mode
    (ATM), 176
Authentication Center (AUC), 193

B

Bandbreiteneffizienz, 120
Bandpasssignal, 2
Base Station Subsystem (BSS), 190
Baud, 70
Bitfehlerratenkurven, 115
Bitübertragung, 183
Blockcode, 48
    linearer, 49
    systematischer, 49
    zyklischer, 51

Broadcast Control Channel
    (BCCH), 183
Burst, 164, 186
Bustopologie, 173

C

CDMA2000, 202
Closed Loop Taktableitung, 156
Closed-Loop-Übertragungsfunktion
    des PLL, 151
Codebaum, 58
Codegeneratormatrix, 49
Coderate, 48
Codewortlänge, 35
Codierungsgewinn, 47
Common Control Channel (CCCH),
    184
COSTAS Loop, 154

D

D-BLAST, 134
Decoder, 46
Digital Audio Broadcasting (DAB),
    204
digitale Modulationsverfahren, 69

E

EIR (Equipment Identity Register),
    193
Encoder, 46

Entdeckungswahrscheinlichkeit, 91
Entropie
    bedingte, 21, 22
    der Quelle, 16
Entscheidungsgehalt einer Quelle,
    36
Ethernet, 173

F
Fading, 27
Falschalarmwahrscheinlichkeit, 91
Fast Associated Control Channel
    (FACCH), 185
Fehler 1. Art, 91
Fehler 2. Art, 91
Fehlermuster, 50
Fiber Distributed Data Interface
    (FDDI), 174
Fouriertransformierte, 4
Frequency Control Channel
    (FCCH), 183
Frequenzinterleaving, 209

G
Generatorpolynom, 52
Gleichwellennetz, 205
Global System for Mobile
    Communications (GSM),
    178

H
Hammingabstand, 50
Hammingungleichung, 51
Hard-Decision, 61
Home Location Register (HLR), 192
Huffman-Code, 37
Hyperrahmen, 189

I
IMT 2000, 194
Information
    a posteriori, 20
    bedingte, 19
    eines Ereignisses, 15
Informationsfrequenz, 67
Inphasenkomponente, 3
Intermodulationsprodukte, 141
Intersymbol-Interferenz (ISI), 161

K
Kanal
    diskreter, 17
    diskreter gedächtnisloser, 22
Kanal-Encoder, 182
Kanalentzerrer, 161
Kanalkapazität, 23
Kommunikations
    -dienste, 167
    -netze, 166
komplexe Einhüllende, 3
Konstruktion zyklischer Codes, 53
Korrelation, 105
Korrelator, 104

L
Likelihood-Verhältnis, 93
lineare Loop-Gleichung, 151

M
MAP-Decoder, 61
MAP-Kriterium, *siehe* Maximum a
    posteriori Kriterium
Matched Filter, 104
Maximum a posteriori Kriterium,
    97
Maximum Likelihood Kriterium, 97

MIMO-Kanalkapazität, 126

Minimum Mean Square Error
        (MMSE-) Detektor, 132

mittlere Empfangsleistung, 33

ML-Decoder, 61

ML-Detektor, 131

ML-Kriterium, *siehe* Maximum
        Likelihood Kriterium

Mobilstation (MS), 183

Modulationsindex, 76

Multiple Access Interference (MAI),
        148

Multiple Input Multiple Output
        (MIMO), 123

Multirahmen, 189

MUSICAM, 205

N

Network Management Center
        (NMC), 193

Netztopologie, 167

Neyman-Pearson-Verfahren, 92

Nichtentdeckungs-
        wahrscheinlichkeit, 91

nutzerspezifische Signatur, 198

Nyquist-Bandbreite, 116

O

OFDM, 83

Open Loop Taktableitung, 155

Operation and Maintenance Center
        (OMC), 192

Operation and Maintenance
        Subsystem (OMSS), 192

Ordnung des PLL, 151

OVSF-Folgen, 201

P

Paging Channel (PCH), 184

Paritycheckbit, 49

Paritycheckmatrix, 50

Phase, 67

Phasenregelkreis (PLL), 149

Protokoll, 171

Präfixeigenschaft, 35

Q

Quadraturkomponente, 3

Quellencodierung, 35
        kommafreie, 35

R

Rahmenkopf (Frame Header), 208

Random Access Channel (RACH),
        184

Redundanz
        einer Quelle, 39
        eines Codes, 39

Restfehlerwahrscheinlichkeit, 48

Ringtopologie, 174

S

Schutzintervall, 86, 215

Sendebitfolgen, 61

Shannon Grenze, 120

Signatur, 145

Single Input Single Output (SISO),
        123

Skalenfaktor, 207

Slow Associated Control Channel
        (SACCH), 185

Soft-Decision, 62

Space-Time Block Code, 138

Space-Time Trellis Code, 137

Spread Spectrum, 197

Spreizcode, 145

Spreizfaktor, 145

Stand Alone Dedicated Control
       Channel (SDCCH), 184
Stealing Flags, 185
Sterntopologie, 176
Subscriber Identity Module (SIM),
       190
sukzessive
       Interferenzunterdrückung,
       132
Superrahmen, 189
Switching and Management
       Subsystem (SMSS), 191
Synchronization Channel (SCH),
       183
Syndrom, 51

T
TDMA Rahmen, 188
Terminierung, 65
Token, 174
Token-Passing, 174
Traffic Channels (TCHs), 185
Transinformation, 18
    mittlere, 20
Transitsystem, 169

Trellisdiagramm, 60
Träger, 67
Trägerfrequenz, 2

U
UMTS, 199
UTRA, 199

V
V-BLAST, 133
Verkehrskanäle, 183
Visitor Location Register (VLR),
       192
Viterbi-Algorithmus, 63

W
Waterfilling, 130

Z
Zeigerdarstellung, 68
Zeitinterleaving, 210
zellenspezifische
       Verwürfelungssequenz, 200
zellulare Netze, 178
Zero Forcing Detektor, 131
Zustandsdiagramm, 58

Signale und Systeme

Grundlagen und Anwendungen mit MATLAB

Fliege & Gaida

Die **Signal- und Systemtheorie** ist ein fächerübergreifendes Wissensgebiet mit zahlreichen Anwendungen in der Nachrichtentechnik, digitalen Signalverarbeitung, digitalen Bildverarbeitung, Regelungstechnik, Automatisierungstechnik, Mechanik und vielen anderen Gebieten.

Trotz strenger mathematischer Ansprüche ist das Ziel dieses Buches eine gut verständliche Darstellung der Grundlagen und Anwendungen. Dazu tragen insbesondere eine große Zahl von 38 **MATLAB-Projekten** bei (Aufgabenstellung und Lösungsweg sowie Umsetzung in MATLAB), in denen die wichtigen Sachverhalte **interaktiv** vertieft und verdeutlicht sowie weitere Phänomene erarbeitet werden. Der Leser wird so zum **learning by doing** angeregt.

- **Kontinuierliche Signale** im Zeit- und Frequenzbereich: Faltung, Fourier- und Laplace-Transformation
- **Kontinuierliche LTI-Systeme**: Beschreibung mit Impulsantwort, Systemfunktion und Übertragungsfunktion
- **Anwendungen**: Elektrische Filter und Netzwerke, mechanische Schwingungssysteme und lineare Regelkreise
- **Diskrete Signale** im Zeit- und Frequenzbereich: lineare und zyklische Faltung, zeitdiskrete Fourier-Transformation, Z-Transformation, diskrete (DFT) und schnelle (FFT) Fourier-Transformation
- **Diskrete LTI-Systeme**: Beschreibung im Zeit- und Frequenzbereich, Differenzengleichung, rekursive und nichtrekursive Systeme
- **Digitale Verarbeitung analoger Signale**: Abtastung und Rekonstruktion, Quantisierung, Codierung
- **Anwendungen**: Digitale Filter, Digitale Spektralanalyse, Multiratensysteme, digitale Filterbänke, Teilbandcodierung; Ausblick: OFDM- und DMT-Techniken

Die Autoren
Univ.-Prof. Dr.-Ing. Dr. h. c. **Norbert Fliege** lehrt an der Universität Mannheim und ist Leiter des Lehrstuhls für Elektrotechnik,
Dr.-Ing. **Markus Gaida** ist wissenschaftlicher Mitarbeiter am Lehrstuhl für Elektrotechnik der Universität Mannheim.

Interessentenkreis
Studenten, Dozenten und Ingenieure der Elektrotechnik und Informationstechnik sowie aller anderen Fachgebiete, in denen die Signal- und Systemtheorie eine wichtige Rolle spielt.

ISBN	978-3-935340-42-7
Umfang	XI, 355 Seiten
Format	16 x 23 (cm)
Bilder	374
Tabellen	8
Preis	39,90 EUR
	64,00 CHF

Erscheinungstermin
Februar 2008

Kanalcodierung

Eine Einführung für Ingenieure,

Informatiker und Naturwissenschaftler

André Neubauer

Die fehlerfreie Übertragung von Information über gestörte Kanäle im Rahmen der **Kanalcodierung** stellt eine zentrale Aufgabenstellung in der Informations- und Kommunikationstechnik dar. Mit Hilfe von redundanten Codes stellt die **Codierungstheorie** geeignete Werkzeuge bereit, mit deren Hilfe aufgetretene Fehler erkannt und korrigiert werden können. Neben guten Codeeigenschaften hinsichtlich der Anzahl erkennbarer und korrigierbarer Fehler sowie der erzielbaren Coderate spielt der Aufwand für die **Codierung** und **Decodierung** der zu übertragenden Information in praktischen Anwendungen eine wichtige Rolle. Aus diesem Grund werden Codes mit geeigneten mathematischen Strukturen versehen, die eine aufwandsgünstige Codierung und/oder Decodierung erlauben. Wichtige Codeklassen, die häufig in praktischen Anwendungen verwendet werden, stellen in diesem Zusammenhang die **zyklischen Codes** und die **Faltungscodes** dar.

Das vorliegende Buch bietet eine **leicht verständliche Einführung** in die Konzepte der Kanalcodierung. Lineare Blockcodes und zyklische Codes sowie Faltungscodes werden ausführlich mit ihren zugehörigen grundlegenden Codierungs- und Decodierungsmethoden behandelt. Sämtliche für das Verständnis zyklischer Codes erforderlichen **algebraischen Grundlagen** werden vermittelt. Durch die Vielzahl vollständig durchgerechneter **Beispiele** werden die häufig abstrakten Konzepte der Codierungstheorie veranschaulicht.

- **Modell eines Nachrichtenübertragungssystems**
- **Allgemeine Grundlagen der Kanalcodierung**
- **Lineare Blockcodes**
- **Zyklische Codes**
- **Faltungscodes**

Der Autor
Prof. Dr.-Ing. **André Neubauer** lehrt Informations-
verarbeitende Systeme an der Fachhochschule
Münster.

Interessentenkreis
Studenten und Dozenten der Informations- und
Kommunikationstechnik sowie der Informatik und
Naturwissenschaften.

ISBN	3-935340-51-6
Umfang	304 Seiten
Format	16 x 23 (cm)
Bilder	75
Tabellen	19
Preis	36,45 EUR [D]
	59,00 CHF
Erscheinungstermin	
	Oktober 2006

www.schlembach-verlag.de

Grundlagen des Mobilfunks

Thorsten Benkner

Die Mobilkommunikation erfreut sich besonders seit der Einführung von GSM im Jahr 1992 ständig steigender Wachstumsraten. Heute nutzen bereits weltweit über zwei Milliarden Menschen Mobilfunkdienste verschiedenster Art und die Nachfrage nach weiteren Diensten mit immer höheren Datenraten nimmt weiter zu. Diese Technologie ist somit heute aufgrund seiner lokalen und globalen Bedeutung unerlässlicher Bestandteil der IT-Ausbildung.

Das Verständnis der **Grundlagen des Mobilfunks,** die für alle modernen digitalen Mobilfunksysteme gelten, ist deshalb von herausragender Bedeutung. Das Buch behandelt diese Grundlagen und legt damit das Fundament zum Verständnis zum Beispiel von GSM oder UMTS.

Angefangen von den Effekten und Problemen des Mobilfunkkanals, dem zellularen Aufbau moderner Mobilfunknetze, Modulations- und Codierungsverfahren bis hin zu den verschiedenen Vielfachzugriffsverfahren bzw. Multiplex- und Duplexverfahren werden alle wichtigen Funktionsblöcke behandelt. Anwendungsbeispiele aus konkreten Mobilfunksystemen ergänzen und vertiefen den Stoff eines jeden Kapitels.

- **Entstehungsgeschichte**
- **Grundprobleme des zellularen Mobilfunks**
- **Mobilfunk-Ausbreitungsdämpfung**
- **Mehrwegeausbreitung**
- **Zellularer Netzaufbau**
- **Modulationsverfahren**
- **Codierungs- und Fehlerschutzverfahren**
- **Vielfachzugriffsverfahren im Mobilfunk**

Der Autor
Prof. Dr.-Ing. **Thorsten Benkner** lehrt Nachrichtentechnik / Informations- und Kommunikationstechnik
an der Fachhochschule Aachen

Interessentenkreis
Studenten und Dozenten der Nachrichtentechnik/
Informations- und Kommunikationstechnik, insbesondere des Mobilfunks, sowie IT-Ingenieure in
der Praxis

ISBN	978-3-935340-44-1
Umfang	IX, 374 Seiten
Format	16 x 23 (cm)
Bilder	202
Tabellen	16
Preis	39,95 EUR [D]
	64,00 CHF

Erscheinungstermin
November 2007